Titel der Originalausgabe: The HOW to Inner Peace

Originally published by Namaste Publishing, Canada 2021

Constance Kellough
Vom inneren zum äußeren Frieden

Projektmanagement: Marianne Nentwig
Übersetzung Dr. Ute Weber
Lektorat: Dr. Richard Reschika
Umschlag: Kerstin Fiebig, ad department
Innenteil/Satz: Wilfried Klei
Druck & Verarbeitung: Westermann Druck GmbH, Zwickau

info@kamphausen.media | www.kamphausen.media

ISBN Printausgabe: 978-3-95883-541-2
ISBN E-Book: 978-3-95883-542-9

1. Auflage 2022

Bibliografische Information der Deutschen Nationalbibliothek
Die Deutsche Nationalbibliothek verzeichnet diese Publikation in der Deutschen Nationalbibliografie; detaillierte bibliografische Daten sind im Internet über **http://dnb.de abrufbar**.

Dieses Buch wurde auf 100% Altpapier gedruckt und ist alterungsbeständig. Weitere Informationen hierzu finden Sie unter www.kamphausen.media

Constance Kellough

VOM **INNEREN** ZUM **ÄUSSEREN FRIEDEN**

Mehr Harmonie **für dich** und **die Welt**

Wie hat dir das Buch gefallen?
Teile gerne deine Meinung mit uns!

https://www.kamphausen.media/vom-inneren-zum-aeusseren-frieden/t-9783958835412

WIDMUNG

An den Geist in jedem von uns

I

BEVOR WIR ANFANGEN

Die Anleitung zu *Vom inneren zum äußeren Frieden*, die mit Absicht in einer bestimmten Abfolge verfasst wurde, ist nicht als schnelle, verstandesbetonte Lektüre gedacht. Vielmehr soll sie vor allem dein Herz und deine Seele ansprechen, um dir so eine umfassendere Erfahrung inneren Friedens zu ermöglichen.

Ich empfehle dir, dieses Buch beim ersten Mal von Anfang bis Ende durchzulesen. Dann lies es noch einmal und erspüre dieses Mal seinen Inhalt mit deinem ganzen Körper. Lege nach jedem Kapitel, ja sogar nach jedem Abschnitt innerhalb eines Kapitels, eine Pause ein, und integriere den Inhalt nicht nur auf der Ebene des mentalen Begreifens, sondern auch auf derjenigen des Schwingungsbewusstseins und des Herzens. Die Pausen können eine oder mehrere Minuten, eine Stunde oder sogar mehrere Tage dauern – Häufigkeit und Länge jeder Pause sollten intuitiv von dir festgelegt werden.

Über das gesamte Buch verteilt wirst du spirituelle Praktiken im Zusammenhang mit einem bestimmten Kapitel oder am Ende eines Kapitels oder Kapitelabsatzes finden. Diese spirituellen Praktiken sollen dich ermutigen und unterstützen, den Text leichter zu integrieren. Durch Reflexion und Aktion sollen sie dir außerdem dabei helfen, dich Schritt für Schritt auf das zuzubewegen, was für viele eine neue *gefühlte Erfahrung* ist – innerer Frieden. Vielleicht wirst du feststellen, dass du eine Zeit lang bei einer bestimmten Übung bleiben möchtest, bevor du weiterliest und dann zur nächsten übergehst. Oder du fühlst dich von bestimmten Übungen angezogen, mit denen du dich immer wieder beschäftigen möchtest, um sie in dein Leben zu integrieren.

Wenn du dieses Buch zum ersten Mal durchliest, tauchen für dich an einigen Stellen möglicherweise Fragen auf. Dann lies bitte weiter und schau, ob du im Verlauf der Lektüre ein besseres Verständnis, eine Antwort oder eine Bestätigung bekommst. Zusätzlich führe ich hier und da ein Teaching, ein Argument oder einen Begriff wie „Stille", „Akzeptanz", „Innerer Wissender" und „innerer Körper" ein, auf die ich später im Buch näher eingehen werde.

Es sind schon viele unterschiedliche Antworten auf Fragen wie jene, was Bewusstsein, was das Ego und was deine Essenz ist, gegeben worden. Diese Begriffe sind schwer zu definieren, und zwar einfach deshalb, weil es sich nicht um Dinge handelt, die wir mit unseren physischen Sinnen oder dem Verstand erfassen können. Auch mithilfe von Logik oder Wissenschaft kann nicht alles erklärt werden. Und trotzdem sind solche nicht greifbaren Dinge sehr real.

Da es Wahrheiten gibt, die durch den Intellekt und wissenschaftliche Erkenntnisse nicht auf ihre Richtigkeit hin überprüft werden können, wirst du dich beim Lesen dieses Buchs auf dein spirituelles Verständnis und deine persönlichen Erfahrungen verlassen müssen, um zu bestimmen, was zum jetzigen Zeitpunkt für dich hilfreich und gefühlte Wahrheit ist.

Andere haben möglicherweise ihre eigenen Ansichten zu dem, was ich in diesem Buch vorstelle. Was ich zu sagen habe, beruht auf meiner eigenen Wahrheit, so wie ich sie durch viele Jahre intensiver

Meditation erfahren habe, ebenso auf meiner Lehrtätigkeit und meinen Veröffentlichungen zum Körper-Geist-Seele-Komplex, auf spiritueller Erforschung, Lektüre und Praxis – vor allem aber auf persönlichem *Erleben*. Du kannst etwas nicht sicher wissen, wenn du es nicht persönlich erlebt hast – mental, emotional, physisch und spirituell. Wenn du die persönliche Erfahrung gemacht hast, brauchst du nicht zu glauben oder zu vertrauen. Aus diesem Grund ist dieses Buch mit Absicht so geschrieben worden, dass es das Erleben des Lesers anspricht.

Wenn du weiterliest, wirst du wahrscheinlich Wiederholungen finden. Diese sind mit Absicht gewählt worden. Sie dienen der Verstärkung und der Vorstellung bestimmter Teachings in anderen Zusammenhängen. Darüber hinaus werden in diesem Buch Begriffe wie „Selbst“, „das eine Selbst“, „wahres Selbst“, „göttliches Selbst“ und „göttliche Quelle“ synonym verwendet, ebenso wie „Quelle“ und „göttliche Quelle“. Ich habe intuitiv erspürt, welche Ausdrücke in bestimmten Zusammenhängen am besten geeignet waren.

Da der Zweck dieses Buches darin besteht, inneres Gewahrsein zu schaffen, beziehe ich mich nur dann auf wissenschaftliche Erkenntnisse oder Verstandeswissen, wenn sie notwendig sind, um Teile des Textes zu untermauern.

Fangen wir an!

2

DER WEG NACH VORN

„Wenn du dich für die Hoffnung entscheidest, ist alles möglich."

Christopher Reeve

HOFFNUNG

Hoffnung beruht nicht auf Glauben. Sie ist eine starke Energie, die aus deinem Herzen kommt. Sie hält an einem optimistischen Geisteszustand fest und erwartet positive Ergebnisse. Wenn wir Hoffnung haben, haben wir auch Vertrauen – das Vertrauen, dass die Liebe letztlich siegen wird, weil sie die einzig wahre Macht ist. Angesichts von Hoffnung und Vertrauen können Zweifel und Widerstand nicht überleben. Was bleibt, ist innerer Frieden. Diejenigen, die Hoffnung haben, lieben das Leben und bringen ihr Interesse und ihre Liebe der gesamten Menschheit und allen Lebewesen entgegen. Liebe ist die Ursache, die stets Wirkung zeitigt. So wie Mitgefühl wirkungslos ist, wenn ihm keine Taten folgen – und sei die Tat lediglich ein stiller Segen oder ein stilles Gebet –, verlangt Hoffnung von uns, dass wir handeln. Doch aufgrund des Prinzips „wie innen, so außen" besteht die Handlung, die wir zuerst vollziehen müssen, darin, dass wir nach innen gehen, in Kontakt mit unserem inneren Wesen treten und so in ein höheres Bewusstsein von Liebe und Fürsorge hineinwachsen, das dann von uns ausstrahlen und andere berühren wird.

HOFFNUNG IST MEHR ALS BERECHTIGT

Wir sind uns der Herausforderungen des modernen Lebens und der Bedrohungen durch globale Situationen sehr bewusst. Hierauf muss nicht noch einmal eingegangen werden, insbesondere nicht zu Beginn dieses Buches. Denn das könnte noch mehr Angst hervorrufen, und darum geht es in diesem Buch definitiv nicht.

Jedes Zeitalter und jedes Jahrzehnt stellen uns vor besondere Herausforderungen. Trotzdem hat sich die Menschheit weiterentwickelt. Wir sind Teil der Natur, die uns Koexistenz, Anpassung, Resilienz und Regeneration gelehrt hat. Wir hoffen, dass die Menschheit zu dieser Zeit in ihrer Evolution als Spezies die Erfindungsgabe, die Intelligenz, die Weisheit und die Mittel besitzt, um wirksame Antworten auf die derzeitigen herausfordernden Ereignisse und diejenigen, die aller Voraussicht nach eintreten werden, zu finden.

In diesem Buch geht es um Hoffnung, ja sogar um eine persönlich empfundene Gewissheit, dass wir, wenn sich genügend von uns verpflichten, JETZT von einer höheren Bewusstseinsstufe aus zu leben, eine spirituelle Wiedergeburt erleben werden. Indem wir unser Herz öffnen, sodass wir alles in unserem Einssein annehmen können, werden wir die Verwirklichung unseres wahren Selbst erfahren. Der indische Philosoph, Yogi und Guru Sri Aurobindo (1872–1950) und sein Zeitgenosse, der Philosoph, christliche Mystiker und katholische Priester Pierre Teilhard de Chardin (1881–1955) haben ebenso wie der Apostel Paulus diesen spirituellen Übergang, dieses Erwachen vorhergesagt.

Eine solche Veränderung hin zu einer höheren Bewusstseinsebene wird auf der ganzen Welt zu mehr Fürsorge führen. Woher nehme ich diese Hoffnung? Welche Gründe gibt es zu glauben, dass wir uns persönlich und kollektiv aus unserem schon Ewigkeiten währenden Wahnsinn befreien können?

Gleichzeitig sehen wir den Irrsinn unserer Spezies, der nicht länger ausgeblendet werden kann, da uns die neuen Kommunikationstechnologien unmittelbaren Zugang zu einer Fülle von Informationen verschaffen. Wir beobachten also desgleichen eine Zunahme der entgegengesetzten Polarität, einer Polarität höheren Bewusstseins für Verantwortung und Fürsorge.

HOFFNUNG IN AKTION

Wir erleben ein Aufblühen der Künste und anderer kreativer Bereiche. Wir sehen auch wunderbare Fortschritte auf dem Gebiet der Naturwissenschaften, der Medizin und der Technologie, gepaart mit einer sich beschleunigenden Bewegung, die auf eine gerechtere Verteilung globaler Ressourcen dringt, und mit einer unaufhaltsamen Bewegung, welche die Gleichstellung von Männern und Frauen zum Ziel hat.

Viele sehr wohlhabende Individuen leisten großzügige Beiträge für gute Zwecke. Immer mehr Menschen setzen ein Zeichen der Nächstenliebe, indem sie durch Vehikel wie das Crowdfunding für Anliegen spenden, die ihrem persönlichen Gefühl nach wichtig sind.

Es gibt eine ständig wachsende Bewegung in Richtung ökologischer Verantwortung, auch wenn wir bei der Bewältigung von Umweltherausforderungen noch einen langen Weg vor uns haben. Immer mehr Menschen tun ihr Bestes, um Mutter Erde zu helfen und eine Beschleunigung der globalen Erwärmung zu verhindern. Was von *4oceans* geleistet wird, ist nur ein Beispiel dafür: Seit 2017 bis zum Zeitpunkt der Veröffentlichung dieses Buches sind von ihren bezahlten

Angestellten 7.193.285 Pfund Müll, insbesondere Plastik, aus dem Meer und von den Küsten entfernt worden, und sie laden uns alle ein, uns an dieser Aufgabe zu beteiligen.[1]

An vielen Fronten wächst der Druck, und zwar häufig von der Basis aus, dass Menschenrechte geschützt und repressive Diktaturen beendet werden sollen, denn unterdrückerische Mächte sind immer noch in unserer Welt zu finden.

Es ist ermutigend, das freiwillige Engagement in vielen Ländern zu beobachten. Zu den Freiwilligen gehören Angehörige medizinischer und anderer Berufe, die sich häufig auf Kosten ihres straffen Terminkalenders Zeit nehmen, um in Ländern der Dritten Welt zu helfen. Wer wird nicht voller Dankbarkeit lächeln, wenn er oder sie von Gruppen hört wie *Ärzte ohne Grenzen*, die mithilfe einer amtlich zugelassenen Stiftung lebensrettende Dienste für Menschen vollbringen, die sich keinen Zugang zu medizinischer Versorgung leisten können? Andere Hilfsorganisationen, wie zum Beispiel *Amnesty International*, haben es sich zur Aufgabe gemacht, die Verletzung von Menschenrechten weltweit zu beenden; die Mission von *Global Witness* besteht darin, Korruption und Umweltmissbrauch aufzudecken. Die Liste ließe sich weiter fortsetzen, von gemeinnützigen Stiftungen, die sich dafür einsetzen, Menschen ein gesundes Frühstück bereitzustellen, bis hin zu solchen, die mit benachteiligten Schulkindern arbeiten, und solchen, die in Nigeria Menschen vor der Flussblindheit schützen.

Factfulness, ein Buch, das Hans Rosling gemeinsam mit seinem Sohn Ola und seiner Schwiegertochter Anna Rosling geschrieben hat, präsentiert viele positive Fakten zu den Fortschritten, welche die Menschheit gemacht hat. Hans Rosling war Arzt, Professor für internationale Gesundheit und Berater der Weltgesundheitsorganisation (WHO) und der UNICEF.

1 Siehe https://4ocean.com

In seinem Buch gibt Rosling zu, dass der aktuelle Zustand der Welt sowohl schlecht als auch besser ist, und er hat einiges von dem Besseren vorgestellt, von dem wir häufig nichts erfahren, weil die Medien Tag für Tag in erster Linie die Angst erzeugenden Ereignisse herausposaunen, die dann unsere Aufmerksamkeit bekommen, während für die neuen globalen Verbesserungen häufig nur mit zeitlicher Verzögerung Belege geliefert werden können und diese auch nicht als „Sondermeldung“ taugen.

Einige der in *Factfulness* angeführten Verbesserungen sind: Die extreme Armut, beschrieben als Einkommen von weniger als $ 2 pro Tag, konnte von um 50 % im Jahre 1966 (1,5 Milliarden Menschen bei einer Weltbevölkerung von 3 Milliarden) auf 9 % im Jahre 2017 reduziert werden (684 Millionen Menschen bei einer Weltbevölkerung von 7,6 Milliarden). Der Anteil von Menschen mit Wasser aus einer geschützten Quelle stieg von 58 % im Jahre 1980 auf 88 % im Jahre 2015. Tankerunfälle mit auslaufendem Öl von jeweils 1000 Tonnen verringerten sich von 636 im Jahre 1979 auf 6 im Jahre 2016. Die Anzahl der Mädchen, die in Grundschulen angemeldet waren, stieg von 65 % im Jahre 1970 auf 90 % im Jahre 2015. Wenn wir uns diese Tatsachen anschauen, dann sind das „gute Nachrichten“.

ÜBUNG

Da wir normalerweise wirklich etwas sehen, wenn wir absichtlich danach Ausschau halten, suche in der nächsten Woche nach Hinweisen auf „gute Nachrichten“. Merke dir solche Ereignisse oder schreibe sie auf.

ÜBUNG

Da die Dinge, denen wir uns widmen, sich gewöhnlich verstärken oder intensiver werden, mache eine Liste aller positiven Dinge, für die du in deinem Leben dankbar bist – Menschen, Situationen, deine persönlichen

Stärken, Gaben und positiven Verhaltensweisen. Wie fühlst du dich jetzt? Sobald du dich entmutigen lässt, bringe dieses Gefühl zurück.

ÜBUNG

Immer dann, wenn deiner Erfahrung nach etwas „Negatives“ passiert, widerstehe dem Impuls, darauf zu reagieren und dich dagegen zu sträuben; fordere dich stattdessen heraus, etwas Gutes darin zu finden, und verweile dabei.

***

Es ist von großer Bedeutung, dass gegenwärtig ein neues spirituelles Bewusstsein im Entstehen ist, das breit aufgestellt, global und nicht sektiererisch ist und alles einschließt. Diese höhere Bewusstseinsstufe beruht auf der Erkenntnis, dass Menschen im Wesentlichen spirituelle Wesen sind, deren wahre Natur in der Liebe wurzelt und die alle im Einssein verbunden sind.

Die Meditation hat sich aus dem Bereich des Mystischen in den Alltag hineinbewegt. Sie wird jetzt von Individuen nicht nur zu Hause praktiziert, sondern auch in Meditationszentren, einigen Schulen und aufgeklärten Unternehmen. Meditation wird auch von virtuellen Gruppen praktiziert, die sich online vernetzen. Darüber hinaus werden Menschen über das Internet informiert, wann sie für einen bestimmten Zweck zu einer bestimmten Uhrzeit in ihrer eigenen Zeitzone in Meditation sitzen sollen. Auf diese Weise können wir an Meditationen teilnehmen, die die ganze Welt umspannen. Dieses wachsende Bewusstsein davon, wie wichtig es ist, Meditation zu praktizieren und achtsam in unserem Tun zu sein, ist beachtlich. Wenn wir in Stille sitzen oder uns dem widmen, was gelegentlich als „stilles Gebet“ bezeichnet worden ist, können wir der Weisheit der Seele in uns lauschen, die nicht durch Worte, sondern durch nichtverbales Gewahrsein übermittelt wird.

Die Menschen werden sich der Notwendigkeit bewusst, dass sie ihr Bestes geben, um in ihrem Leben positiv und liebevoll zu handeln. Sie begreifen, dass etwas getan werden muss, damit die Menschheit sich von persönlichen und globalen Konflikten befreien und unsere Welt zu einem besseren Ort machen kann. Während Menschen das tun, was sie innerhalb ihres gegenwärtigen Einflussbereichs tun können, beginnen sie jetzt auch, sich weltweit zu engagieren, weil sie erkannt haben, wie wir alle miteinander verbunden sind, wie abhängig wir voneinander sind und wie ein Teil der Menschheit sich auf das Ganze auswirkt.

DIE NOTWENDIGKEIT, UNSERE SPIRITUELLE PRAXIS ZU INTENSIVIEREN

Ich glaube, dass unser Überleben als Spezies im Bereich der Seele stattfinden wird. WIE können wir diesen notwendigen Übergang zu einer stärker spirituell ausgerichteten Existenz schaffen?

Traditionelle spirituelle Praktiken werden nicht mehr ausreichen. Auch wenn viele Parlamente und Kirchen auf der Welt für Frieden beten und Menschen auf jedem Kontinent für Frieden auf die Straße gehen, entzieht sich uns die Realität des äußeren Friedens – weil der Frieden zuerst in uns gefunden, in uns *erfahren* werden muss. Selbst wenn wir die Ernsthaftigkeit und Häufigkeit unserer Gebete intensivieren, erleben wir unweigerlich Frustration, weil wir nicht die Ergebnisse bekommen, die wir *jetzt* brauchen, um weiteres Leid, weitere Todesfälle und weitere Zerstörung zu stoppen. Eine schnelle persönliche Heilung und die Heilung der Spaltungen in der Welt werden sich nicht einfach daraus ergeben, dass wir mit unseren gegenwärtigen weltlichen und spirituellen Praktiken fortfahren. Die Menschheit muss ihre spirituelle Arbeit intensivieren.

DIE NOTWENDIGKEIT, HERAUSZUFINDEN, WER WIR WIRKICH SIND

Wenn du das jetzt liest, dann glaube ich intuitiv–, dass du – ganz gleich, wie alt du bist – weißt, dass wir eine Übergangsgeneration sind, diejenigen, die eine Brücke zu einer besseren Welt schlagen. Wie die Hopi-Ältesten uns so deutlich ins Gedächtnis gerufen haben, sollen wir nicht außerhalb von uns nach unseren Anführern suchen, denn „wir sind diejenigen, auf die wir gewartet haben“[2].

Dieses Buch lädt uns ein, eine evolutionäre Wende zu vollziehen – von der egoischen Angst zum gefühlten Einssein.

Die Art von Wende, die dies mit sich bringt, wird in *Der schmale Grat* (1998) sichtbar, einem Film über die Realitäten des Kampfes im Südpazifik während des Zweiten Weltkriegs. In einer Szene läuft ein Soldat nach der Schlacht von Guadalcanal über ein Feld. Das blutige Massaker macht ihn fassungslos. Viele seiner Kameraden – von denen einige tot sind, andere klaffende Wunden haben, wieder andere unerträgliche Schmerzen erleiden, weil sie Gliedmaßen verloren haben – sind auf dem Boden verstreut wie Futter für die Geier.

Einige springen ein, um den Überlebenden zu helfen, andere stehen oder sitzen da, fassungslos angesichts des Grauens, das sich gerade abgespielt hat, und von ihren Gesichtern ist der Schock über einen solchen Wahnsinn abzulesen. Während der erzählende und beobachtende Soldat seine überlebenden Kameraden ansieht, sagt er: „Vielleicht haben alle Menschen zusammen eine große Seele. Und jeder ist ein Teil von ihr. Alles Gesichter ein und desselben Menschen, ein großes Selbst. Und jeder sucht die Erlösung für sich allein, wie ein Stück Kohle, das man aus dem Feuer gezogen hat.“[3] Die

[2] Prophezeiung der Hopi-Älteren, Oraibi, Arizona, Hopi-Nation, 8. Juni 2000.

[3] http://www.filmzitate.info (Der schmale Grat)

Worte dieses Soldaten dringen bis in den Kern unserer menschlichen Tragödie vor.

Unsere Unfähigkeit, die Probleme der Welt zu lösen, beruht auf unserem mangelnden Verständnis dafür, dass wir alle Teil „eines großen Selbst“ sind. Stattdessen schränkt uns unsere Überzeugung ein, dass wir alle getrennte Individuen sind: „Kohlestücke, die aus dem Feuer gezogen werden.“ Dieser Glaube an die Trennung erzeugt einen Großteil unserer irrationalen Ängste sowie die Konflikte, die wir auf individueller wie auch kollektiver Ebene erleben.

Wenn wir aus dem „Trennungsdenken“ kommen, wissen wir nicht wirklich, wer wir sind.

Die alten Griechen waren sich der Bedeutung des Selbst-Gewahrseins bewusst. Das Orakel von Delphi, das ein Channel des Gottes Apollo durch eine Hohepriesterin sein soll, sagt: „ERKENNE DICH SELBST“. Den Griechen wurde erklärt, wie wichtig die Botschaft des Orakels ist, doch Jahrhunderte später ringt ein Großteil der Menschheit immer noch damit, eine Antwort auf die Frage zu finden, wer wir wirklich sind. Liegt die Schwierigkeit, die Antwort zu finden, darin, dass wir nicht wissen, WIE wir das machen sollen?

Wir können nicht zu dem Bewusstsein gelangen, wer wir wirklich sind, bis wir nicht akzeptiert haben, dass wir als Menschen einen Körper haben und alle Aspekte des Menschseins in einem Körper erfahren. Noch wichtiger ist jedoch, dass wir auch spirituelle Wesen sind, von denen jedes eine individuelle Seele hat. Wir können erst zu dem Bewusstsein gelangen, wer wir wirklich sind, wenn wir aus dem Wesen unserer Seele heraus leben und Erfahrungen machen.

Einige haben ihr Bewusstsein bereits so weit entwickelt, dass sie ein ausreichendes Gewahrsein davon haben, wer sie wirklich sind. Und dadurch kommen sie gleichzeitig zum Gewahrsein des Einsseins ihres wahren Selbst. Zum jetzigen Zeitpunkt ist jedoch nur ein Bruchteil der Menschheit zu dieser Erkenntnis gekommen.

Wenn du zur Erkenntnis deines wahren Selbst gelangst, das sich durch deine individuelle Gestalt ausdrückt, dann begreifst du, dass die Stille, der Frieden, die Liebe und die Freude in dir nicht dir allein gehören. Man kann nicht sagen, „mein Frieden" und „dein Frieden": Es ist einfach Frieden da. Frieden, Freude und Liebe sind Qualitäten unseres wahren Selbst. Sie sind unveränderlich, unsichtbar und ewig. Sie können nicht bedroht werden. Diese Seinszustände sind für jeden zugänglich und brauchen lediglich unsere Anerkennung durch *gefühlte Erfahrung*.

3

WAS WIR NICHT SIND

Bevor wir uns auf den Weg machen, um herauszufinden, wer wir wirklich sind, ist es gut, sich daran zu erinnern, was wir *nicht* sind.

ETIKETTEN

Du bist nicht dein Name. Dein Name wurde dir entweder bei der Geburt gegeben oder durch eine Heirat oder persönliche Entscheidung geändert. Wenn wir anderen begegnen, sagen wir normalerweise: „Hallo, ich bin (oder heiße) – gefolgt von deinem Rufnamen. Zum Beispiel: „Ich bin Susan Thompson." Aber du bist nicht Susan Thompson. Dein Name ist nichts weiter als ein Etikett, um dich zu identifizieren. Besser gesagt, Susan könnte sich auch mit den Worten „mein Name ist Susan Thompson" vorstellen. Das ist eine gute Übung für uns alle.

Wir sind nicht unsere Titel wie Vizepräsident, Vertriebsleiter, Geschäftsführer, Leiter Creative Design, Aufseher, Friseur, Filialleiter, Rechtsanwältin, Busfahrer, Ärztin, Krankenschwester, Lehrer, Barista, Klempner. Das ist unsere gegenwärtige berufliche Tätigkeit oder es sind Titel, die uns von anderen aufgrund unseres Bildungsstands, unserer Ausbildung, unserer Fertigkeiten, unseres Erfolgs, unserer Führungsfähigkeiten oder der beruflichen Position, die wir innehaben, gegeben worden sind. Doch häufig hängen wir an unseren Titeln. Je mehr wir uns mit ihnen identifizieren, umso mehr werden unsere Titel zu einem Teil dessen, was wir zu sein glauben. Je stärker wir an unseren Titeln hängen, um eine Identität und einen Selbstwert zu bekommen, umso mehr fürchten wir den Schmerz, sie zu verlieren, und umso stärker engen wir uns ein und sind nicht für die Expansionsmöglichkeiten offen, die uns das Leben beschert.

NUR DER PHYSISCHE KÖRPER

Wenn wir die Geschichte von Narziss aus der Perspektive des spirituellen Bewusstseins lesen, sehen wir, dass er der Illusion verfallen ist, seine physische Form sei seine ultimative Realität. Der Körper und die äußere Welt sind jedoch lediglich vorübergehende Formen; beide sind ein vorübergehender Ausdruck der letzten Wirklichkeit dessen, wer wir wirklich sind. Wenn wir uns fälschlicherweise mit dem Körper und unseren körperlichen Erfahrungen als einziger Realität identifizieren, dann sorgen wir dafür, dass Angst – und nicht Liebe – unser vorherrschender Zustand sein wird.

Wir sind nicht nur unser physischer Körper. Der Körper ist ein Vehikel, das in diesem Leben verwendet wird, um Erfahrungen zu machen und zu lernen. Wie uns *Ein Kurs in Wundern* sagt, ist die primäre Funktion des Körpers die, ein Kommunikationsmittel zu sein, ein Mittel, um sich miteinander zu verbinden und einander zu dienen. Wenn er seinen Zweck erfüllt hat, verlässt ihn das Bewusstsein und es bleibt nur ein lebloser Leichnam übrig. Wenn wir uns ausschließlich mit unserer körperlichen Gestalt identifizieren, hindern wir uns daran, unser wahres Selbst zu finden. Wir sind so viel mehr als der Körper!

unser Erwachen zu einem höheren Bewusstsein von entscheidender Bedeutung. Er ist die perfekte Form, um uns zu befähigen, die Erfahrung des Menschseins zu machen und unsere menschlichen Erfahrungen zu nutzen, um zum Bewusstsein unserer spirituellen Natur zu gelangen.

ÜBUNG

Frage dich: „Was würde passieren, was würde sich verändern, wenn ich mich nicht länger mit mir als Körper und den Erfahrungen meines Körpers identifizieren würde?“ Sitze in Stille. Komm zu der Frage zurück. Nimm wahr, wie anders dein Leben sein würde.

Frage dich als Nächstes: „Wie würde ich mich auf andere beziehen, wenn ich sie nicht länger nur mit ihrem Körper und ihren körperlichen Erfahrungen identifizieren würde?“

Sitze wieder in Stille und dann kehre zu der Frage zurück. Schreibe auf, wie anders du dich auf andere beziehen würdest.

***

ROLLEN, DIE WIR SPIELEN

Wir sind nicht die Rollen, die wir spielen, wie zum Beispiel Mutter, Vater, Großmutter, Schwester, Neffe, Nachbar, Freundin, Meistergolferin, spiritueller Lehrer und so weiter. Ja, wir handeln in der Welt mithilfe dieser Rollen, aber der Grad an Bewusstsein, den wir in unsere Handlungen einbringen, bestimmt gewöhnlich, wie effektiv wir dabei sind. Es ist wunderbar, Mutter, Ehemann, Führungskraft usw. zu sein, doch noch wichtiger ist: Welchen Grad an Bewusstsein bringen wir in die Rollen ein, die wir in unserem Leben spielen? Es gibt viele Bücher und Workshops mit Titeln wie „Die bewusste Führungskraft“, „Die bewussten Eltern“, „Die bewusste Lehrerin“. Doch eine Person kann zum Beispiel keine bewusste Anführerin oder in einer Rolle bewusst sein, die sie spielt, bis sie sich nicht zuvor darüber bewusst geworden ist, wer sie in Wirklichkeit ist. Dann wird sie dieses erhöhte Bewusstsein und die höhere Bewusstseinsschwingung in jede Beziehung einbringen und in alles, was sie tut.

WAS IST BEWUSSTSEIN?

Zunächst einmal ist Bewusstsein kein Ding, also kann es nicht wie ein Objekt beschrieben werden. Bewusstsein ist allgegenwärtig und an sich formlos, doch es kann auch eine Form annehmen. Es ist das Feld, in dem alles enthalten ist. Die gesamte Schöpfung entsteht auf verschiedenen Schwingungsebenen aus dem Bewusstsein. Bewusstsein ist unser sichtbarer Körper, die unsichtbare Kraft und Intelligenz in unserem Körper und der „Klebstoff“, der uns im Einssein verbindet. In der modernen Wissenschaft wird das Bewusstsein häufig als das „Feld“ bezeichnet. „Das Feld ist alles“, sagte Einstein. Dabei bezog er sich auf das unsichtbare Energiefeld in und um alles Sichtbare und Unsichtbare herum. Alles ist Energie in Schwingung. Scheinbar solide Objekte, unser Körper eingeschlossen, sind mitnichten solide. Was als dichte Form unseres Körpers erscheint, ist in Wirklichkeit zu 99,9 % Raum. In diesem Raum befindet sich Schwingungsenergie.

Es besteht nämlich alles aus Bewusstseinsenergie in Form von Schwingung. Auch wenn wir Bewusstsein in seinem formlosen Zustand nicht sehen können, ist es dennoch da. In den meisten Fällen wohnt einem Objekt umso weniger Bewusstsein inne, je fester es ist und je weniger es die Lebenskraft der Bewegung zeigt, vermutlich mit einer Ausnahme: dem Mineralreich. Zum Beispiel gibt es Menschen, die behaupten, dass manche Edelsteine oder Halbedelsteine wie Quarzkristall, Bernstein, Rosenquarz, Amethyst, Jade und so weiter eine einzigartige, mitreißende und hilfreiche Energie zum Ausdruck bringen.

Obwohl alles aus Bewusstsein besteht, ist mehr Lebenskraft und Bewusstsein in einem lebendigen Baum vorhanden als etwa im Holz eines Stuhls, mehr Bewusstsein in einer lebendigen Blume als in einer Kaffeetasse – und noch weitaus mehr Bewusstsein in unseren lebendigen Körpern.

Auch wenn wir mit unseren physischen Augen Gedankenformen und emotionale Energien nicht sehen können, wissen wir, dass sie existieren, weil wir sie *erfahren*. Negative Gedanken und Emotionen haben eine niedrigere Bewusstseinsschwingung als positive.

Bewusstsein ist ursächlich. Es ist schöpferisch. Deshalb hat man uns gesagt, wir sollten unseren Verstand beobachten, der, obwohl er bisweilen lästig ist, dennoch ein Teil des Bewusstseins ist. Gedanken können negative Emotionen erzeugen, die dann zu uns als negative Dinge zurückkommen, die in unserem Leben passieren. Derselbe Prozess gilt natürlich auch für das positive Denken. Das wird durch das Gesetz der Anziehung offensichtlich, das besagt, dass Gleiches sich zu Gleichem gesellt.

Es ist wichtig, dass wir uns darum bemühen, die Schwingung unseres Bewusstseins durch Meditation zu erhöhen. Meditation ist der Weg, um herauszufinden, wer wir wirklich sind, und sich dessen immer deutlicher bewusst zu werden. Wenn unser Bewusstsein wächst, dann beginnt unser Leben die Qualitäten widerzuspiegeln, die in diesem höheren Zustand enthalten sind. Wir möchten Liebe geben, möchten nützlich sein. Wir fühlen mehr Vertrauen, mehr Hoffnung, mehr Dankbarkeit und ziehen daher vertrauenswürdige Menschen, positive Ereignisse und Situationen und viele, viele Dinge an, für die wir dankbar sein können.

Und wenn das Bewusstsein eines Menschen wächst, dann trägt dies dazu bei, das Bewusstsein anderer ebenfalls zu erhöhen. Mit anderen Worten, man kann sagen, dass Bewusstsein ansteckend ist.

Wir erhöhen unsere Fähigkeit zu lieben und alles, was daraus entsteht, indem wir unser Bewusstsein auf eine feinere Schwingung anheben. Wenn wir von „höherem Bewusstsein“ sprechen, dann ist das kein Zustand, den man einmal erreicht, und das war's dann. Die progressiven Ebenen höheren Bewusstseins entwickeln sich immer weiter, sie werden noch ewige Zeiten fortdauern. Das bedeutet, dass sich die Schwingungsebene unseres Bewusstseins zu höher entwickelten Zuständen von Liebe, Freude und Frieden weiterbewegen kann.

NUR DER VERSTAND

Du bist nicht der Verstand, der durch das begrenzt ist, was er durch deine fünf äußeren Sinne wahrnimmt und was häufig irreführend sein kann. Der Verstand kennt nur die Vergangenheit und projiziert von da aus in die Zukunft.

Wir brauchen ihn, um für Prüfungen zu lernen, Hinweise zu beachten, wie wir unseren Computer nutzen können, malen zu lernen, Auto zu fahren, unseren Beruf oder unser Handwerk auszuüben, sei es als Automechaniker, Schreinerin, Lehrer, Krankenschwester, Ärztin, Anwalt, Wissenschaftlerin, um nur einige zu nennen. Menschen, die in ihrem Beruf oder Handwerk Spitzenleistungen erzielen und anderen auf hohem Qualitätsniveau etwas geben, zeigen, wie wichtig konsequent angewandtes fokussiertes Denken hierfür ist.

Wir brauchen den Verstand auch, um Dinge in unserem täglichen Leben zu erledigen. Wir müssen unsere Einkaufsliste, unseren nächsten Arztbesuch, unsere Tagesordnung für das nächste Geschäftstreffen und unseren nächsten Urlaub planen, auch wenn er vielleicht erst in einem halben Jahr stattfinden soll.

In den meisten Fällen haben wir keine Kontrolle über unser Denken. Der Verstand scheint ein Eigenleben zu führen, und wenn er nicht auf eine spezifische Aufgabe, ein bestimmtes Ereignis oder eine sequenziell angeordnete Logik fokussiert ist, erzeugt er häufig Gedanken, Emotionen, Vermutungen und Urteile, die scheinbar unaufgefordert auftauchen. Zwar können auch positive Gedanken auftauchen, doch oft sind sie negativer Natur und daher unerwünscht.

Die meisten Gedanken wiederholen sich außerdem ständig, da sie auf Konditionierung beruhen. Schätzungen zufolge sind 90 % der sechzig- bis siebzigtausend Gedanken, die wir tagtäglich haben, repetitiv.[4] Alle repetitiven Gedanken beruhen auf früheren Erfahrungen. Gewohnheitsmäßige Denkmuster bringen uns dazu, zu denken, wahrzunehmen, uns anzunähern und mit unserem Umfeld und anderen auf gewohnte Weise zu interagieren. Wie oft haben wir uns schon dabei beobachtet, dass wir uns auf dieselbe unproduktive oder reaktive Weise verhalten haben? Wie oft haben wir uns oder andere dieselben Geschichten wiederholen hören, unabhängig davon, ob sie für den Kontext der aktuellen Unterhaltung relevant waren?

Manchmal quälen uns unsere Gedanken. Sie können eingebildete Ängste erzeugen, uns an unerfüllte Ambitionen erinnern und Gefühle von „weniger als“ oder „nicht gut genug“ wecken. Sie fördern Bedauern, Schuld, Neid und Zorn genauso leicht zutage, wie eine Mistgabel sanftes, weiches Erdreich zutage fördert. Der Buddha sagte: „Was auch immer ein Feind dem Feind oder ein Widersacher dem Widersacher antun mag, der fehlgeleitete Geist vermag euch sogar noch Schlimmeres anzutun.“[5]

---

4 Vgl. tlexinstitute.com/ dazu, wie man mühelos positive Gedanken haben kann.

5 Gedichtauszüge aus dem Dhammapada, Vers 42 f.

Wenn der Geist nicht fokussiert ist, dann würden uns unsere Gedanken wahrscheinlich verrückt machen, falls sie jemand aufzeichnen und uns wieder abspielen könnte – sie sind repetitiv, langweilig, unsinnig, absurd und häufig verstörend. Auch wenn sie im Innern gehört werden, tun sie genau das: uns verrückt machen. Um uns von solchen Gedanken abzulenken, lassen wir uns dann noch weiter in zwanghafte Verhaltensweisen hineintreiben.

Auch wenn es uns manchmal so erscheinen mag, als kämen unsere Gedanken aus heiterem Himmel, entstammen die meisten de facto konditionierten früheren Gedankenmustern. Da wir alle miteinander verbunden sind, können sie auch aus dem kollektiven menschlichen Bewusstsein kommen.

Wir wissen mittlerweile einiges über die Neuroplastizität unseres Gehirns. Unser Gehirn ist formbar. Das konditionierte Denken folgt wiederholt demselben neuronalen Netzwerk von Mustern, die „Rillen" erzeugen, die sehr tief sein können. Das kann zu ablenkendem Denken führen, das in keiner Beziehung zu dem steht, was wir in der Gegenwart erleben. Das Positive daran ist, dass die Formbarkeit unseres Gehirns es uns erlaubt, dieses „umzuschulen" und neue, gesündere neuronale Netzwerke zu bilden. Wir können unser Gehirn beeinflussen, positiver und produktiver zu denken.

Der Geist eines durchschnittlichen Menschen schweift etwa 50 % seiner wachen Stunden umher.[6] Unsere Gedanken huschen und fliegen. Sie gleichen dabei häufig eher beunruhigenden Fledermäusen als Schmetterlingen. WIE finden wir den „Abschaltknopf" für diesen häufig gespenstischen, beunruhigenden und zwanghaften Verstand?

---

[6] Libby Copeland, Why Mind Wandering Can Be So Miserable, According to the Happiness Experts, Smithsonian.Mag.com, 24. Februar 2017.

DER UNTERSCHIED ZWISCHEN DENKEN UND GEWAHRSEIN

Die Verwendung der Begriffe „Gewahrsein" und „Bewusstsein" kann verwirrend sein. Häufig werden sie synonym verwendet und ich tue das in diesem Buch auch manchmal. Im Folgenden verwende ich den Begriff „Gewahrsein" jedoch als eine besondere Form von Bewusstsein, die ich beschreibe.

Denken und Gewahrsein sind allerdings unterschiedliche Bewusstseinsebenen. Einen Gedanken zu haben unterscheidet sich wesentlich davon, gewahr zu sein. Wie bereits erwähnt, tendieren alle Gedanken, einschließlich der positiven, dazu, konditioniert zu sein. Es gibt einen gewaltigen Unterschied zwischen Denken und Gewahrsein, wobei Letzteres einer wesentlich höheren Bewusstseinsordnung angehört. Gewahrsein kommt aus dem Nicht-Denken und man bekommt gewöhnlich durch innere Stille Zugang zu ihm. Und wenn das Gewahrsein kommt, dann wird es als frisch und neu erlebt.

Der Verstand kann das Gewahrsein nicht begreifen. Im Großen und Ganzen wirkt er spaltend. Er existiert nur in der Aktivität als Gedanke. Er differenziert alles, reduziert alles auf einen Gedanken nach dem anderen, auch wenn er Gedanken in einer logischen Reihenfolge verbinden kann und daher deduktiv und induktiv argumentiert und erinnert. Das Gewahrsein zeichnet sich durch eine Qualität von Geräumigkeit aus. Es ist frei von Habgier und erlaubt es allen Dingen, einfach aufzutauchen. Du musst nicht versuchen, am Gewahrsein wie an einem Gedanken festzuhalten, an den du dich erinnern willst, da du, wenn du dir einmal einer Sache gewahr bist, ihrer immer gewahr bist.

Gewahrsein ist frei von jeglicher Anspannung. Wenn du unglücklich bist, ist häufig der Geist aktiv, und da er nicht auf eine spezielle Sache oder eine bestimmte Aufgabe gerichtet ist, können deine Gedanken leicht unangenehme Emotionen erzeugen. Stimmt das etwa nicht? Es ist der fehlgeleitete Geist, der Probleme bereitet. Stoppe den unkontrollierten Geist, indem du im gegenwärtigen Moment in die Stille gehst. Wenn du allein oder in der Natur bist, schaue dich um und nimm die Stille in dem wahr, was du siehst, auch in dem Raum um alles herum. Findest du dort Unbehagen und Konflikt vor? Wir werden später üben, in die Stille zu gehen.

Der Verstand ist ein Teil des Bewusstseins, aber er ist begrenzt, und wir wissen aus Erfahrung, dass er in vielen Fällen ein beunruhigender Aspekt des Bewusstseins sein kann. Wenn wir ihn sozusagen dazu bringen können, sich „hinzulegen", wenn er uns nicht effizient unterstützt und still wird, dann ist er nicht länger ein Hindernis, um Zugang zum Gewahrsein zu bekommen. Wenn der Verstand eine fokussierte oder nicht fokussierte Denkweise verfolgt, dann behindert er de facto den natürlichen Fluss eines höheren Gewahrseins. Er verhält sich wie eine eigene Welt, statt als Werkzeug zu dienen, um das praktische Alltagsleben zu steuern und für den Erwerb von Wissen und die Erforschung weiterer Möglichkeiten von Nutzen zu sein.

Das Gewahrsein ist wesentlich schneller als der Verstand. Mit Gewahrsein musst du nicht überlegen, um zu wissen, ob etwas wahr oder falsch ist. Du „weißt" es einfach.

Der Verstand ist ein Instrument. Wir können ihn mit einem Bleistift vergleichen. Wir verwenden einen Bleistift zum Schreiben, Addieren von Zahlen, Zeichnen und so weiter. Wenn wir damit fertig sind, legen wir ihn weg. Wir identifizieren uns nicht mit ihm. Ein Auto ist ebenfalls ein Instrument, das uns hilft, von einem Ort zum nächsten zu kommen. Auch wenn sich manche Menschen fälschlicherweise mit ihrem Auto als einer Erweiterung ihres Daseins identifizieren, ist es lediglich ein Mittel zum Zweck. Wenn wir uns mit dem Verstand als die, die wir sind, identifizieren, dann liegt hierin eine Gefahr. Wir verlieren die Übersicht und können nicht über die Grenzen unseres Verstandes hinaussehen. In einem solchen Zustand kann das Ego Besitz von unserer Identität ergreifen, Barrikaden bauen und Urteile fällen. In diesem Leben leiden wir nicht so sehr aufgrund anderer Menschen oder Umstände als vielmehr aufgrund unseres egoischen Denkens.

Der Verstand ist nicht sensibel für die feinere Energie des höheren Bewusstseins. Was hauptsächlich zählt, ist die jeweilige Bewusstseinsenergie in den Worten einer Person sowie die positive oder negative Energie, die ihre Worte verströmen. Wir werden nicht nur von dem beeinflusst, was eine Person sagt, sondern auch von der Bewusstseinsebene, aus der heraus sie spricht. Viele Menschen wissen intuitiv, wann jemand die Wahrheit aus einem Zustand des Gewahrseins sagt. Sie können den Unterschied in der Schwingung zwischen verstandesbasierter Sprache und geteiltem Gewahrsein förmlich spüren.

Im 17. Jahrhundert wollte der Philosoph René Descartes (1596–1650) die Existenz des Menschen beweisen. Seine Schlussfolgerung lautete: „Ich denke, also bin ich." Er setzte Denken mit Sein gleich. Was für ein fataler Irrtum! Und die Menschen glaubten es und lebten jahrhundertelang nach dieser begrenzten und falschen Definition. Viele tun es immer noch.

EINE OFFENBARUNG: BEWEISE FÜR EINEN DURCHBRUCH ZU EINEM HÖHEREN BEWUSSTSEIN

Die meisten von uns hatten irgendwann in ihrem Leben eine Offenbarung – eine Zeit, in der Geist, Herz und Seele zusammenkamen, um Dinge neu oder anders zu sehen. Dies sind Momente einer plötzlichen Enthüllung oder Erkenntnis. Solche Momente werden nie vergessen und unsere Offenbarung verändert uns auf gewisse Weise.

Der mittlerweile verstorbene Astronaut Edgar Mitchell war der zweite Mann im Weltraum. Auf seinem zweiten Flug (1971), als er mit zwei anderen Astronauten reiste, hatte er eine Offenbarung. Bei seiner Rückkehr zur Erde, als er den Raum um sich herum betrachtete und gleichzeitig eine tiefe Stille fühlte, wurde er gewahr, dass wir und alles im Universum eins sind. Diese Erfahrung veränderte Mitchell so sehr, dass er, nachdem er zur Erde und zum normalen Leben zurückgekehrt war, das *Institut für Noetische Wissenschaften zur Erforschung des Bewusstseins* gründete. Dieses Institut ist auch heute noch sehr aktiv.

Das Folgende ist ein Auszug aus Deepak Chopras Offenbarung, die in Elise Ballards Buch *Epiphany* abgedruckt wurde:

„Im Jahr 1980 übte ich meinen Beruf als Arzt in Boston, Massachusetts, aus. Eine meiner Gewohnheiten ist, nach der Meditation spazieren zu gehen. Eines Tages machte ich gegen 10 Uhr meinen Morgenspaziergang im Bereich des Fenway Parks und sann darüber nach, warum einige meiner Patienten genesen und andere nicht."

Plötzlich traf es mich wie ein Blitz: Menschen haben die Macht, sich selbst zu heilen.

Im Laufe meiner jahrelangen Praxis hatte ich in seltenen Fällen schon Patienten erlebt, die es geschafft hatten, von ihren Krankheiten zu genesen, und in diesem Moment fiel mir ein, dass es einen gemeinsamen Faktor gab – sie hatten sich von einem Ort der Angst zu einem Ort extremer Freude bewegt, hin zu dem, was ich den Rausch der Liebe nennen würde. Es traf mich wie ein Blitz, dass bei allen dieselbe Verschiebung im Bewusstsein stattgefunden hatte. Wissen Sie, es klingt simpel, wenn ich das sage, aber die Verschiebung ist wirklich sehr tiefgreifend. Menschen haben vierzig Jahre lang die Auswirkungen von Stress untersucht. Doch niemand hat wirklich die Biologie der Freude oder Liebe untersucht. Darum dachte ich mir, dass wir uns in diese Richtung bewegen sollten.[7]

---

[7] Vgl. https://eliseballard.com/2013/01/29/deepak-chopras-greatest-epiphany-in-life-as-told-to-elise-ballard/ Vgl. auch Elise Ballard, Epiphany – True Stories of Sudden Insight to Inspire, Encourage, and Transform, New York, Harmony Books, 2014.

Troy Mutter aus Victoria, Kanada, erzählte mir von einer Offenbarung, die er hatte:

„Teilweise durch Bilder, die dann zu einem neuen gefühlten Gewahrsein führten, hatte ich eine klare Vision davon, auf welche Weise wir alle so eng verbunden sind. Die anfängliche Wahrnehmungsverschiebung fand vom ‚Ich' zum ‚Wir' statt. Wenn ich jetzt mit anderen in einem Raum bin, wird mir bewusst, dass es nicht ‚ich' und ‚sie' sind, sondern ‚wir'.

Ich begriff, dass alles, was ich nur für ‚mich' unternommen oder getan hatte, nicht in Harmonie mit ‚uns', mit dem Ganzen ist, und ‚mir' daher keine Erfüllung bringen kann. Das ‚Ich' kann für nichts die alleinige Anerkennung einheimsen. Jeder vom ‚Ich' erreichte Erfolg wurde von zahlreichen sichtbaren und unsichtbaren Kräften des ‚Wir' gestützt. Nichts gehört wirklich nur dem ‚Ich' oder kann ausschließlich von ihm beansprucht werden, da alles aus dem kollektiven ‚Wir' entsteht und von diesem empfangen wird.

Was ich für meines halten könnte – mein Geld, mein Auto, mein Unternehmen, ja sogar meine Liebe –, kommt nicht von ‚mir' und gehört folglich auch nicht ausschließlich ‚mir'. Wenn wir aus dem Ego, aus Schmerz oder Habgier handeln, haben diese Gedanken, Handlungen und Emotionen ebenfalls ihren Ursprung im kollektiven ‚Wir' und gehen messbar daraus hervor – nicht nur dem ‚Wir', das wir in diesem Leben durch unsere Eltern, Geschwister, gesellschaftliche Normen und Konditionierungen erfahren, sondern auch dem unserer Ahnen und Urahnen.

Blitzartig erkannte ich: Es ist nicht *ich*; es ist *wir*. Es ist nicht *meins*; es ist *unseres*. Es gibt kein *Ich* oder *Du*, sondern nur ein *Wir*."

DAS EGO

WAS IST ES?

Zu einer bestimmten Zeit in unserer Evolution waren wir Jäger und Sammler. Wir mussten kämpfen, um Nahrung zu bekommen, unser Leben zu verteidigen und Freunde und Familienmitglieder ebenso wie unseren Clan zu schützen. Das Ego diente damals als Konstrukt für Schutz, und in dieser hilfreichen Rolle tut es das noch heute. Einige Beispiele dafür sind folgende Situationen: Wenn wir beim Überqueren der Straße vorsichtig sind, wenn wir uns um unsere Gesundheit kümmern, wenn wir daran denken, unseren Sicherheitsgurt im Auto anzulegen, wenn wir um die Sicherheit unserer Kinder bemüht sind oder uns rechtmäßig verteidigen müssen.

Das Ego ist immer noch Teil der menschlichen Verfassung, doch es hat jetzt eine Rolle angenommen, die unserem Wohlergehen, insbesondere unserem emotionalen, psychischen und spirituellen Wohlergehen, häufig entgegenwirkt. Das dysfunktionale Ego ist zu einem falschen Selbst geworden, das glaubt, es sei von anderen getrennt und müsse daher auf der Hut vor anderen sein und sich ständig mit ihnen vergleichen. Es kann unser Selbstbild in einer Minute aufblähen und uns in der nächsten fertigmachen. Für das aufgeblähte, dominierende Ego bedeutet das, zu versuchen, besser, reicher, mächtiger und bedrohlicher als andere zu sein. Für das verletzte Selbst bedeutet es, hauptsächlich in Angst zu leben, Opfer zu sein, sich nicht gut genug oder in der Lage zu fühlen, die Herausforderungen des Lebens zu bewältigen.

Das Ego gibt jetzt vor, zu sein, wer wir sind, doch wenn wir herausfinden, dass es nicht ist, wer wir in Wahrheit sind, dann wird es nicht länger fähig sein, uns dahingehend zu täuschen, dass wir glauben, wir seien getrennt, bedürftig, schwach und müssten deshalb beweisen, dass wir „mehr als“ oder „nicht gut genug“ sind, wenn wir uns mit anderen vergleichen. Das Ego sagt uns, wer wir angeblich sind, und legt dann einen Schleier zwischen diese falsche Identität und die Wahrheit dessen, wer wir wirklich sind.

Dazu braucht es den Verstand als Partner. Wenn wir das Ego nicht in seine Schranken verwiesen haben – und aller Voraussicht nach haben es die meisten von uns nicht getan –, dann kann sein Einfluss auf uns tatsächlich als eine Art Hypnose oder als hypnotisierender Einfluss angesehen werden.

Ein starkes und auch das einzige Instrument, das dem Ego zur Verfügung steht, um uns unter seinem Einfluss und seiner Kontrolle und sich selbst am Leben zu erhalten, ist, ANGST in all ihren offensichtlichen und subtilen Formen zu schüren. Wenn wir also aus Angst handeln, handeln wir aus dem Ego. Wenn wir wütend sind und unseren eigenen inneren Wert, unsere innere Stärke oder Frieden nicht fühlen, wenn wir das Bedürfnis verspüren, andere zu schikanieren oder zu dominieren, dann hat das Ego die Kontrolle. Wenn wir tief genug hinschauen, dann liegt solchen Gefühlen oder Gedanken Angst zugrunde. Wenn wir keinen Frieden finden, dann ist es sinnvoll, dass wir uns fragen: „Worin besteht dabei die Angst?“ Dies ist ein Weg, um das Ego ausfindig zu machen. Sobald wir das Ego in uns erkennen, können wir die Identifikation mit ihm durchbrechen, damit es nicht länger so tun kann, als sei es wir. Das hat den zusätzlichen Nutzen, dass wir auch bei anderen über das Ego hinaussehen können und wissen, dass es nicht das ist, was sie wirklich sind.

Wir alle sind stark konditioniert worden, zu glauben, wir müssten andere fürchten, zumindest einige. Durch das angsterregende Ego teilen wir alle Wut, Frustration, Neid, Unsicherheit, die Notwendigkeit der Kontrolle und so weiter miteinander. Diese Ego-Konditionierung stammt aus der Familie, den Gemeinden, der religiösen Erziehung, unseren Gesundheitssystemen, der nationalen Kultur, den allgegenwärtigen dröhnenden Medien und den globalen menschlichen Glaubenssystemen.

Bevor wir die Wahrheit unseres Seins erkennen, gründen wir unsere „Wahrheit" auf Glaubenssätze, Theorien, Hörensagen, vorgeburtliche Einflüsse und solche aus der frühen Kindheit, auf die Überzeugungen und manchmal auch den Aberglauben unserer Eltern und vorheriger Generationen, auf kulturelle Gebräuche und multikulturelle Überzeugungen einer ganzen Generation. Wir sind Empfänger dieser Einflüsse. Wir haben nicht aus unserem wahren Selbst heraus gelebt.

Ich habe häufig darüber sinniert, wo das Ego herkam, wie es entstanden ist. Natürlich gibt es diese gleichnishafte biblische Geschichte vom Garten Eden. Wurden Adam und Eva in einem Moment, in dem sie eine schlechte Wahl trafen und glaubten, sich irgendwie von ihrer Quelle trennen zu können, in Versuchung geführt, sich als vom Ganzen getrennt anzusehen und um ihr Überleben fürchten zu müssen? Hat das Ego aus entwicklungsgeschichtlicher Sicht Bestand gehabt und sich über die Notwendigkeit der Menschen, Jäger und Sammler zu sein und buchstäblich um ihr Überleben zu kämpfen, hinaus verändert? Und wenn ja, wann ist das passiert? Als sich Menschen so weit entwickelten, dass ihr Frontallappen eine ausreichende Größe hatte, um selbstreflexives Bewusstsein zu ermöglichen? Das hätte dazu geführt, dass sie sich aus dem Gruppenbewusstsein lösten und als individuelles Selbst dachten. Und sobald das individuelle Denken begann, sahen sie sich als getrennt von anderen an und jeder lebte in seiner eigenen, ängstlichen Welt.

WIE KÖNNEN WIR DAS EGO IN UNSEREM LEBEN ERKENNEN?

Um aus dem dysfunktionalen Ego auszubrechen, müssen wir erkennen, wann es in unserem Leben wirksam ist. Bei vielen Menschen ist dies während des Großteils ihres Wachzustands der Fall. Wie bereits gesagt: Wenn wir das Ego in Aktion erkennen können, haben wir uns bereits aus unserer Identifikation mit ihm als diejenigen, die wir sind, gelöst. So beginnt das Ego, allmählich schwächer zu werden und an Macht über uns zu verlieren. Deshalb fühlt es sich bedroht und verletzlich, was wiederum sein Bedürfnis verstärkt, sich selbst zu schützen, indem es auf unzählige Arten versucht, uns zu zeigen, dass es immer noch die Kontrolle hat. Eine Möglichkeit, wie es uns zu schwächen versucht, ist, dass es dafür sorgt, dass wir uns klein fühlen. Eine Person sagte, dass sie, nachdem sie einen größeren Fehler bei der Arbeit gemacht hatte, „sich so klein fühlte, dass sie auf einem 10-Cent-Stück sitzen und mit den Beinen baumeln könne". Sie setzte ihren Fehler bei der Arbeit mit sich selbst gleich. Haben wir nicht alle schon einmal einen so niedrigen Selbstwert gehabt? Und macht uns das nicht weniger zuversichtlich, dass wir es beim nächsten Mal besser machen können?

Wir alle haben das quälende Ego in unserem Leben schon erfahren. Selbst wenn uns etwas Wunderbares passiert und wir das Gefühl haben, gewonnen, Erfolg gehabt oder ein Ziel erreicht zu haben, schleicht sich schnell der Gedanke ein, dass wir das Erreichte verlieren oder versagen könnten, wenn die nächste Herausforderung um die Ecke kommt.

Es ist offensichtlich, dass das Ego den müßigen oder besorgten Verstand als Kanal benutzt, um uns im Griff zu behalten. Werde dir deiner Gedanken bewusst. Wann spricht dein Ego und nicht das wirkliche Du?

Einige der Gesichter des Ego:

- ANGST – basierend auf mentalen oder emotionalen Situationen, nicht auf Situationen, in denen es wirklich um Leben oder Tod geht oder du dich wirklich physisch verteidigen oder dich um dich selbst oder jemand anderen kümmern musst;

- wenn du dich nur durch Eigeninteresse oder Sorge um dich selbst motivieren lässt;
- wenn dein innerer Dialog negativ ist, zum Beispiel dann, wenn du urteilst, dich beschwerst, Schuld zuweist;
- wenn du Vergleiche anstellst und dich dabei anderen in irgendeiner Form über- oder unterlegen fühlst;
- wenn du dein Selbstwert- oder Identitätsgefühl von anderen bekommen musst, zum Beispiel, indem du mit den Namen derjenigen prahlst, von denen du weißt, dass sie berühmt oder wohlhabend sind, ein positives öffentliches Ansehen haben oder für eine bestimmte Leistung bekannt sind, und du so versuchst, dich durch die Verbindung zu ihnen aufzubauen;
- wenn du absichtlich jemandem die gebührende Anerkennung oder Bestätigung vorenthältst oder dessen Leistung als deine beanspruchst;
- wenn du kompromisslos und rechthaberisch bist, nach Macht über andere trachtest, defensiv wirst, Perfektionismus suchst, dich selbstgerecht fühlst, hochmütig bist und so weiter.

Die Machenschaften des Ego und seine Tricks sind endlos. Einige subtile Weisen, wie sich das Ego zeigt, sind Selbstsabotage, Klatschsucht und Anhaftungen. Wir müssen zuweilen wie ein wachsamer Sherlock sein, um es ausfindig zu machen.

Auch wenn die Identifikation mit dem Ego Leiden mit sich gebracht hat, ist es nicht weise, „dagegen“ zu sein oder es zu verteufeln. Auch wenn es manchmal problematisch ist, ist es dennoch Teil unseres Bewusstseins, und wir wollen keinen Teil unseres Selbst ablehnen. Bei unserer Entwicklung hat das Ego einem Zweck gedient; das problematische Ego ist allerdings zum Auslaufmodell geworden. Es ist nicht hilfreich. Aufgrund des Schmerzes und des Wahnsinns, die wir wegen ihm erlebt haben, sind wir jetzt motiviert und erkennen die Notwendigkeit, die quälenden Hindernisse, vor die es uns stellt, zu überwinden, damit wir unseres wahren Selbst gewahr werden können.

ÜBUNG

Nimm dir an drei aufeinanderfolgenden Tagen jeweils zehn Minuten Zeit, um auf deine Gedanken zu achten. Identifiziere diejenigen, bei denen du aus dem angsterzeugenden Ego kommst. Wenn du sie als aus dem Ego kommend erkennst, lasse sie fallen. Sage dir: „Auf keinen Fall werde ich das Ego füttern."

***

UNSERE SUCHE NACH EINER IDENTITÄT

Da die meisten von uns – zumindest bis zu einem gewissen Grad – mit dem egoischen Selbst identifiziert sind, fühlen wir uns sehr häufig nicht „richtig" oder vollständig. Es fehlt noch etwas. Daher tauchen Gefühle auf wie „Ich habe es noch nicht geschafft", „Wir müssen es beim nächsten Mal besser machen", oder „Das Leben muss mehr sein als das". Das Ego kann unseren Mangel an Erfüllung für sich nutzen, indem es uns eine Alternative in einem weiteren falschen und egozentrischen Selbstbild suchen lässt. Wenn wir uns zum Beispiel erniedrigt fühlen, weil wir die Ärmsten im Viertel waren, als wir klein waren, dann kann uns das dazu verleiten, uns darum zu bemühen, der oder die reichste Erwachsene in der Stadt oder im Land zu werden, und das häufig zu einem hohen Preis für uns selbst und andere.

Natürlich führt uns das dann wieder auf einen falschen Weg und in die falsche Richtung, nämlich noch weiter weg von unserer wahren

Identität. Es will uns auf einer endlosen Suche nach etwas halten, das wir nie finden werden, wenn wir seinem Plan folgen.

Es ist interessant, zu beobachten, wie viele von uns nach einer Identität mithilfe von allem Möglichen suchen, woran wir uns festhalten können: unsere sexuelle Orientierung; unser Bildungsniveau; unser Eigenkapital; das Auto, das wir fahren; die Nachbarschaft, in der wir leben; grüne Haare; Tätowierungen; Sportkappen, die für das Team stehen, das wir unterstützen und mit dem wir identifiziert sind; Designertaschen oder ihre billigen Imitate und so weiter.

Natürlich ist unser einzigartiger Ausdruck wichtig, und man kann Dinge wegen ihrer Qualität, Annehmlichkeit, Schönheit und Nützlichkeit genießen. Überfluss ist wunderbar und kann so lange genossen werden, wie wir das Ego nicht füttern und so eine falsche Vorstellung davon bekommen, wer wir sind. Eine Möglichkeit, um dies herauszufinden, besteht dann, wenn wir uns freuen, dass wir Aufmerksamkeit erregen, oder wenn wir uns „aufgeblasen" haben, weil wir in einer vornehmen Gegend leben, einen Hochschulabschluss haben, einen teuren Wagen besitzen oder hochwertige Kleidung tragen, um nur einige Beispiele zu nennen.

Wir können unserer persönlichen Identität auch etwas hinzufügen durch das, was wir erreicht haben durch die Art und Weise, wie glücklich oder unglücklich unsere Lebensumstände sind durch das, was wir besitzen oder nicht besitzen, sowie durch diejenigen, für oder gegen die wir sind. Wir fügen all unsere Erfahrungen und Lebensereignisse aneinander und schaffen eine Erzählung davon, wer wir sind. Dann identifizieren wir uns fälschlicherweise mit dieser begrenzten persönlichen Geschichte.

Eine andere, weniger offensichtliche Ebene der Selbstidentifikation ist die, bei der wir indirekt durch die Leistungen anderer leben, insbesondere diejenigen unserer Kinder, Ehegattinnen und Partner.

Ihre Siege sind unsere Siege, ihre Misserfolge sind unsere Misserfolge. Auf einer bestimmten Ebene könnte man dies als subtile Form von Identitätsdiebstahl ansehen.

GIBT ES EINE MÖGLICHKEIT, DAS PROBLEMATISCHE EGO LOSZUWERDEN?

Eines Nachmittags sprachen ein paar von uns genau über dieses Thema. Eine Frau mutmaßte, dass das Ego nur zehn Minuten, nachdem der Körper offiziell für tot erklärt worden war, sterben würde. Natürlich lachten wir alle. Doch darin liegt auch ein gewisser Ernst, denn es zeigt, wie schwierig es ist, sich aus dem Griff des Ego zu befreien.

Zunächst einmal müssen wir erkennen, ob wir uns fälschlicherweise mit dem jeweiligen Ego identifiziert haben. Als Nächstes müssen wir uns darüber bewusst werden, wann das Ego in uns arbeitet. Eine andere wirksame Möglichkeit ist, um keinen Preis die Aufmerksamkeit anderer zu suchen. Das Schädlichste, was wir dem Ego jedoch antun können, besteht darin, regelmäßig zu meditieren, da Meditation für uns der Weg ist, um immer mehr zu dem zu werden, wer wir in all unserer Pracht sind. Indem wir weiterhin meditieren, verliert das Ego immer mehr seine Macht und seinen Einfluss auf uns, es wird schrumpfen. Lange kann es nicht in dem Gewahrsein überleben, dem wir in der inneren Stille begegnen, die wir durch eine Reihe von Mitteln und Wegen erfahren, doch vor allem durch die Meditation. Wenn wir aus dem Gewahrsein unseres wahren Selbst kommen, ist für Angst kein Platz mehr.

Wenn wir meditieren, sind wir außerdem im gegenwärtigen Moment. Weil das Ego so sehr mit dem Verstand verwoben ist, lebt es in der Vergangenheit und in der Zukunft und versucht, uns dort hinzuziehen. Wenn wir in der Vergangenheit sind, empfinden wir oft

Bedauern und nehmen die Geschenke des gegenwärtigen Moments nicht an. Und indem wir aus unserer Vergangenheit kommen, bringen wir unsere Konditionierung ans Licht. Wenn du das Ego sozusagen jedes Mal in eine Ecke stellen möchtest, wenn du feststellst, dass du dich in der Vergangenheit oder Zukunft befindest, bring dich zu dem zurück, was in deinem Erleben jetzt passiert. Dann schau, ob du das Ego finden kannst.

Es gibt eine Variation einer berühmten Zen-Geschichte, die dies auf wunderbare Weise illustriert:

Zwei Mönchen befanden sich auf einem Ausritt. Einer war ein älterer Mönch, der andere ein junger Novize. Nach einiger Zeit kamen sie an einen Fluss. Auf der anderen Seite stand eine Frau, die sich in einer Notlage befand. Sie wusste nicht, ob sie es über den Fluss schaffen würde, und selbst wenn sie es schaffte, würde sie ihr neues Kleid ruinieren. Als sie die Mönche kommen sah, fragte sie sie, ob sie ihr bitte helfen könnten, den Fluss zu überqueren. Ohne zu zögern, durchquerte der ältere Mönch den Fluss, hob die Dame hoch und setzte sie hinter sich auf sein Pferd. Als sie sicher auf der anderen Seite war, half er ihr herunter. Nachdem sie sich bei ihm bedankt hatte, ging sie ihres Weges.

Dann ritten die Mönche weiter. Etwa eine Stunde später sagte der Novize: „Du hast etwas schrecklich Falsches getan. Unser Orden verbietet uns, Frauen anzufassen." Der ältere Mönch entgegnete: „Ich habe diese Frau am Fluss zurückgelassen. Du aber trägst sie immer noch mit dir herum."

4

IM JETZT LEBEN

TORE ZUM GEGENWÄRTIGEN MOMENT

Es gab da einen Mann, der einen dreitägigen Workshop besuchte, bei dem der Lehrer den Teilnehmern hilft, sich ihre Vergangenheit anzusehen und die Last zu bestimmen, die sie seitdem immer noch mit sich herumtragen, um ihnen dann zu helfen, diese Hindernisse für ihr Glück loszulassen. Der Workshop war ziemlich kathartisch.

Nachdem der Workshop vorbei war, ging dieser Mann zum Lehrer und sagte: „Ich weiß einfach nicht, wie ich eine große Verletzung loslassen kann." Der Lehrer entgegnete: „Sei einfach jetzt hier." Der Schüler fuhr fort: „Aber ich weiß nicht, WIE ich jetzt hier sein soll."

Der Lehrer wiederholte: „Sei einfach jetzt hier." Der Schüler konnte nur wieder antworten: „Aber ich weiß nicht, WIE."

Viele von uns sprechen über die Bedeutung des Lebens im JETZT – der einzige reale, starke und kreative Moment unseres Lebens, doch was bedeutet das eigentlich? Wir können die Worte „Ich bin jetzt hier" äußern, uns umschauen und wahrnehmen, was und wer sich vor uns befindet, aber trotzdem nicht aus der belebenden Präsenz kommen, die wir erfahren, wenn wir wirklich im Jetzt sind.

Dem spirituellen Lehrer Eckhart Tolle gebührt Anerkennung und Dankbarkeit dafür, dass er uns geholfen hat, in die gefühlte *Erfahrung* des Jetzt zu kommen. Er schenkte uns fünf Pforten oder Tore zur Erfahrung des gegenwärtigen Moments.

DER ATEM

Ein Mensch macht im Durchschnitt 2300 Atemzüge pro Tag. Doch wie viele von uns halten mehrere Male am Tag inne, um einen bewussten Atemzug zu machen? Einen bewussten Atemzug zu machen bedeutet nichts anderes, als dir deines Atems bewusst zu werden, ihn zu beobachten. Der Atem ist für das menschliche Leben erforderlich und er ist auch ein Zugang zum spirituellen Leben. Unser autonomes Nervensystem funktioniert ohne jede Anstrengung unsererseits. Es schließt Dinge wie unser Verdauungssystem, unser Lungensystem und unsere Atmungsorgane ein.

Auch wenn unsere Atmung automatisch geschieht, ist sie zum jetzigen Zeitpunkt in der menschlichen Evolution der einzige Teil des autonomen Körpersystems, über den wir ein gewisses Maß an bewusster Kontrolle haben. Zum Beispiel können wir uns entscheiden, unsere Ein- und Ausatmung zu verlängern oder zu verkürzen und die Zeit auszuweiten, in der wir den Atem nach der Einatmung anhalten. Es gibt viele verschiedene Formen von Atmung, über die wir Kontrolle haben, die alle unter die Kategorie „Atemarbeit" fallen. Jede Form von Atemarbeit hat einen bestimmten Zweck und Nutzen. Viele davon sollen uns helfen, früheren Schmerz loszulassen, der noch im Körper gehalten wird, und uns in einen Zustand innerer Ruhe und Stille bringen.

ÜBUNG

Wenn du die Zeit hast, sitze zehn Minuten für dich alleine in Stille und beobachte deinen Atem. Nimm ihn behutsam wahr. Auf diese Weise lenkst du die Aufmerksamkeit vom zwanghaft denkenden Verstand weg, während du gleichzeitig die Lebenskraft in deinem Körper wahrnimmst. Das ist schon für sich genommen eine hervorragende Meditation. Mache dies so oft und so lange, wie du den Drang dazu verspürst.

***

Wenn du die oben beschriebene Übung machst, wirst du vielleicht merken, dass deine Ausatmung länger ist als die Einatmung und dass an dem Punkt, an dem du einatmest, die Luft in deinen Nasenlöchern kühler ist als bei der Ausatmung. Vielleicht wird dir bewusst, dass sich dein Oberkörper mit jeder vollständigen Ein- und Ausatmung hebt und senkt. Vielleicht merkst du auch, dass du dich, wenn du deinen Atem beobachtest, mit der Zeit ruhiger und entspannter fühlst. Wenn du mit dieser Übung weitermachst, wirst du vielleicht feststellen, dass die Ausatmung sogar noch länger wird; darüber hinaus nimmst du vielleicht wahr, dass am Ende der Ausatmung eine Stille-Pause entsteht.

Wenn du aus dem inneren Zeugen kommst, beobachtest, denkst und urteilst du nicht und agierst folglich aus einem höheren Bewusstseinszustand. Beim Ausführen der Übung oben wirst du vermutlich merken, dass es tatsächlich eine Stille-Pause nach der Aus- und vor der Einatmung gibt – je länger du mit dieser meditativen Praxis weitermachst, umso länger wird die Pause normalerweise. Wie wunderbar! Stille ist direkt in unseren Atemprozess, unsere wirkliche Quelle physischen Lebens, eingebaut. Stille ist nicht nur ein Aspekt dessen, wer wir wirklich sind: Stille macht es uns möglich, Zugang zu allen Aspekten unseres Wesens zu bekommen. Wir könnten Stille geradezu als Grundpfeiler unseres wahren Selbst ansehen.

RUHE

Ah, Ruhe. Wie selten kommt es vor, dass wir sie in unserer modernen Welt erleben, besonders in einem städtischen Umfeld. Wir werden mit Lärm bombardiert: dem Verkehrslärm, den Geräuschen zahlloser Maschinen, den unterschiedlichen Geräuschen, die unsere Einkaufszentren füllen, der lauten Musik, die aus Restaurants ertönt und die es uns in Kombination mit dem Geplapper der Menschen an den Nachbartischen sogar schwer machen kann, den Gast zu hören, der uns gegenübersitzt. Und dann sind da auch noch der Baulärm, das Getöse von Düsenfliegern über uns, die zahlreichen lauten Geräusche, die unsere Flughäfen füllen, die oft erhöhte Lautstärke und der frenetische Ton dessen, was wir im Fernsehen sehen, insbesondere in den Nachrichten und der Werbung. Doch wir müssen nicht nur mit all diesem äußeren Lärm leben, wir müssen uns auch noch mit dem lauten Verstand herumschlagen.

Wo können wir hingehen, um Ruhe zu finden? Spaziergänge in der Natur, Ruhe in unserem Zuhause halten, unseren ruhigen Meditationsplatz betreten und nach innen gehen. Der Raum in uns ist leise. Wenn wir gewahr genug sind, die Ruhe um uns herum und in uns wahrzunehmen, dann sind wir im gegenwärtigen Moment. Und wir stellen fest, dass wir hellwach sind. Ruhe ist auch ein Übergang zu innerer Stille.

STILLE

Woher wissen wir, wann wir uns in einem Zustand innerer Stille befinden? Innere Stille heißt *kein Gedanke*. Es ist ein *gefühlter* Zustand. Innere Stille ist weder statisch noch langweilig. Sie ist äußerst aktiv, voll von der Energiefrequenz höheren Bewusstseins. Eine geeignete Analogie ist die eines Ventilators, den wir in Gang setzen. Zunächst drehen sich die Flügel langsam, dann werden sie immer schneller, bis wir schließlich nur noch eine stille runde Scheibe sehen.

DER INNERE KÖRPER

Der innere Körper? Was ist das? Ich beziehe mich nicht auf unsere Lungen, Knie, Nieren und so weiter, sondern auf die animierende Lebenskraft in uns, die das Bewusstsein selbst ist. Wir sind bewusste Wesen. Ich kenne jedoch nur wenige spirituelle Lehrer wie Eckhart Tolle und Barry Long, die unsere Aufmerksamkeit auf den inneren Körper und seine Bedeutung gelenkt und uns gezeigt haben, wie wir das Bewusstsein durch die Inner-Body-Meditation aktivieren können. Wenn du deinen inneren Körper fühlst, wird deine Aufmerksamkeit vom Verstand weggelenkt.

AKZEPTANZ

Wenn wir uns dem Leben nicht widersetzen, wenn wir unsere Erfahrungen und andere genauso akzeptieren, wie sie sind, dann sind wir im gegenwärtigen Moment. Die volle Aufmerksamkeit auf etwas richten, ohne zu urteilen, ist ebenfalls Akzeptanz. Wenn wir unser Leben und andere genauso akzeptieren, wie sie sind, bringen wir ihnen keinen Widerstand entgegen. Dann kann das Leben leichter, müheloser und freudvoller in uns und durch uns fließen.

Wenn wir Freude, aufrichtige Dankbarkeit und tief empfundene Wertschätzung, Lachen und Frieden erfahren, dann wissen wir, dass wir im gegenwärtigen Moment sind.

5

TIEFER IN DIE STILLE EINTAUCHEN

DAS ERLEBEN VON STILLE

Die Veränderung des Bewusstseins, die wir brauchen, setzt voraus, dass wir die Stille in uns entdecken und aus ihr heraus leben. Wenn wir aus der inneren Stille kommen – was, wie bereits gesagt, paradoxerweise ein höchst aktiver und wacher Zustand ist –, dann öffnet uns das dafür, Aspekte unseres wahren Selbst zu erfahren, und ebnet den Weg für gefühlte Selbstverwirklichung.

Lärm ist die Sprache der Welt, und um Rumi zu zitieren: „Stille ist die Sprache, die Gott spricht, alles andere ist eine schlechte Übersetzung." Ruhe, ganz gleich, wie wunderbar und zärtlich sie ist, ist keine Stille. Stille ist ein tiefer innerer Zustand. Wie bereits erwähnt: Wenn wir uns der Ruhe gewahr sind, sind wir im gegenwärtigen Moment, und Ruhe ist auch eine Einladung, in die Stille zu gehen, besonders in den frühen Phasen der Meditationspraxis.

In Stille zu sitzen bedeutet, alles so zu erlauben, wie es ist. Schließe nichts aus deinem Gewahrsein aus. Das schließt das Surren des Ventilators, das Ticken der Uhr und den Lärm des Verkehrs draußen sowie den „Ping“ deines iPhones ein, der dir signalisiert, dass du eine neue Nachricht bekommen hast. Es schließt alle Gedanken ein, die dir kommen, ebenso wie alle Emotionen, die auftauchen. Wenn du versuchst, etwas aus der Stille auszuschließen, bist du im Widerstand. Es ist unmöglich, gleichzeitig still und im Widerstand zu sein.

Solange du in innerer Stille verweilst, bist du dir all dessen, was auf der inneren Ebene ebenso wie in der Welt um dich herum passiert, gewahr und nimmst es an. Deine Absicht ist, dich so sehr in der Stille zu verankern, dass du alles, was du tust, von diesem Zustand der Stille aus angehst, ganz gleich, wo du bist oder mit wem du zusammen bist. Ich nenne Stille häufig die neu entdeckte und einzig authentische „Supermacht“ (zumindest für einige). Was auf der Verstandesebene nicht erfasst, sondern nur erfahren werden kann, wirkt, indem es deine Seele nährt und daher all deine Gedanken, Worte und Handlungen positiv beeinflusst.

Es wurde gesagt: „Sei still und erkenne, ich bin Gott.“[8] Wir finden Gott in der Stille in unserem Innern. Viele setzen Gott mit der Essenz der Liebe gleich. Suchen wir nicht alle nach Liebe? Doch suchen die meisten von uns sie nicht außerhalb von sich selbst? Wenn wir unser Verständnis dieses Zitats dahingehend ändern, dass es „in der Stille sein“ bedeutet, dann werden wir wissen, dass wir Liebe sind. Und warum versuchen wir dann nicht, die Liebe zu finden, die wir schon sind, indem wir uns in die Stille in uns versenken?

Weil wir uns im Zustand der Stille so vollständig und „zu Hause“ fühlen, werden wir, je häufiger wir in die innere Stille gehen, umso weniger an lauten Orten und von Menschen umgeben sein wollen, die über banale, oberflächliche Dinge sprechen, und das häufig noch in voller Aufregung. Wir hören wahrscheinlich nicht so oft Autoradio

---

8 Psalm 46,11, in: Die Bibel. Einheitsübersetzung der Heiligen Schrift. Altes und Neues Testament (Lizenzausgabe für den Weltbild Verlag, Augsburg), Pattloch Verlag, München 1980.

und haben auch weniger Interesse am Fernsehen. In unseren Beziehungen werden wir uns wahrscheinlich wohler fühlen mit nicht verbaler, aber dennoch tiefer Kommunikationn, da wir jetzt imstande sind, jenseits oberflächlicher Gedanken und Emotionen in Beziehung zu treten. Wir werden auch immer mehr Freude dabei empfinden, in Stille zu sitzen. Tatsächlich werden wir feststellen, dass wir uns in der Stille am wenigsten allein fühlen, weil wir dann in Kontakt mit unserem Einen Selbst sind.

In der Stille können wir die innere Stimme unseres höheren Bewusstseins hören, die zu uns in „Worten" ohne Klang oder Form über Dinge spricht, derer wir uns auf andere Weise nicht gewahr werden können.

Wenn wir in die Stille eintreten, kultivieren wir eine wache Aufmerksamkeit. Während wir der Stille lauschen, indem wir die Aufmerksamkeit auf unsere Ohren richten, insbesondere unsere inneren Gehörgänge, wird gewissermaßen eine Art Vakuum erzeugt, in das wir die Weisheit des höheren Bewusstseins einladen. Und wenn wir uns weiterhin darin üben, auf die „stille kleine Stimme" in uns zu lauschen, dann wird sie zunehmend unsere Gedanken, Wahrnehmungen, Handlungen und Worte lenken, bis eine Zeit kommt, in der wir, wenn wir etwas wissen oder tun müssen, automatisch nach innen gehen und lauschen werden. Wenn wir beten, dann benutzen wir häufig Worte, um Bitten vorzutragen. Wenn wir in Stille lauschen, dann empfangen wir das, was das Bewusstsein im Innern mit uns teilen möchte, wessen wir uns gewahr werden wollen.

DEINE VISION IN DIE STILLE NEHMEN

Es sind nicht die Reichen, Mächtigen oder Berühmten, die die Probleme unseres Planeten lösen werden. Nicht einmal Bildung, so hilfreich sie auch ist, wird uns die globalen Lösungen bringen, die heute erforderlich sind. Diese Wege zu verfolgen hat nur dazu gedient, die Unfähigkeit unseres Verstandes und unserer Handlungen hervorzuheben, über unsere Differenzen hinauszugehen. Es ist Zeit für uns, zu erkennen, dass *Stille der Weg ist.*

Innere Stille ist geläutertes Bewusstsein; daher ist sie in hohem Maße ursächlich und höchst kreativ. Alle neuen Ideen werden aus dem Schoß innerer Stille geboren, da wir in der Stille imstande sind, das universelle Bewusstsein anzuzapfen. Das ist wesentlich verlässlicher als die Lösungen, die aus dem begrenzten, konditionierten Verstand kommen, der seine Lösungen fast immer auf das gründet, was in der Vergangenheit relevant war, anstatt auf das, was für die gegenwärtige Situation angemessen und auch der beste Weg ist, um uns auf die unvorhersehbaren zukünftigen Entwicklungen vorzubereiten.

Wenn Stille unser Fundament ist, dann suchen wir nicht begierig außerhalb unserer selbst nach Antworten, sondern lassen Einsichten und Lösungen zu, die ganz natürlich aus unserem Innern auftauchen. Wir erlauben es der Weisheit in uns, unsere Wahrnehmungen zu korrigieren und unsere Gedanken, Dialoge und Bemühungen zu lenken, bis positive Lösungen kommen. Aufgrund unserer Erfahrungen begreifen wir, dass alles, was wir brauchen oder wissen müssen, bereits in uns ist. Läuft ein Mann, der eine 500 Morgen große Apfelplantage besitzt, etwa die Landstraße auf und ab und bittet um Äpfel?

Wie können wir den Geist beruhigen? Indem wir unsere Aufmerksamkeit auf den gegenwärtigen Moment richten. Einfach nur die Aufmerksamkeit auf unseren Atem zu lenken, bis wir einen Zustand von Ruhe fühlen, kann uns dabei helfen. Wenn wir merken, dass wir uns vom gegenwärtigen Moment wegbewegt haben, dann bringen wir unsere Aufmerksamkeit sanft wieder zum Atem zurück.

Ein stiller Geist ist vielen, wenn nicht den meisten von uns, nicht vertraut; wir müssen also lernen, WIE wir einen solchen Zustand erfahren können.

Es ist wichtig, dass wir uns nicht anstrengen, um unsere Aufmerksamkeit in den gegenwärtigen Moment zu bringen. Ein stiller Geist ist kein genötigter Geist. Es ist ein entspannter Geist. Jede Anstrengung, im Jetzt zu bleiben, kommt aus dem Nachdenken über das, was wir tun sollen, und Denken ist keine Stille. Es ist ebenfalls wichtig, kein Urteil darüber zu fällen, wie effektiv wir darin sind, am gegenwärtigen Moment festzuhalten, weil jedes Urteil dieser Art ebenfalls Denken beinhaltet. Wir können uns nicht von mentalem Geschwätz befreien, indem wir unseren Verstand gebrauchen.

Wenn du mit der Praxis, in Stille zu sitzen, beginnst, richte deine Aufmerksamkeit einfach auf dein unmittelbares Erleben und nimm einige bewusste Atemzüge. Das ist das Gegenteil von Konzentration. Konzentration ist eine Gedankenübung. Sie erfordert einen mentalen Fokus. Du kannst nicht in die Stille eintreten, indem du dich konzentrierst. Die Aufmerksamkeit auf den gegenwärtigen Moment zu richten ist eher eine Ganzkörpererfahrung. Es geht eine bestimmte Fülle damit einher. Alles, was du tun musst, ist, im gegenwärtigen Moment und in dem zu ruhen, was der gegenwärtige Moment beinhaltet. Spüre, wie es sich anfühlt, in deinem Körper zu sein. Beobachte deinen Atem. Sei offen für all deine Sinne – die äußeren ebenso wie die inneren.

Wenn du im Innern still bist, kommst du in Kontakt mit deiner eigenen Essenz. Wie gut es sich anfühlt, zu sein, wer du wirklich bist! Wie bereits erwähnt, sobald du in Kontakt mit dem Leben in dir bist, erkennst du, dass dieselbe Lebenskraft in jedem ist. Wir alle haben Anteil an derselben beseelenden Präsenz. Wenn du weiter Zeit in Stille verbringst und das Gewahrsein deiner inneren Präsenz kultivierst, wirst du anfangen, jene Präsenz, jene Lebendigkeit in den Menschen und der Welt um dich herum zu *fühlen*.

Der Meister Jesus Christus hat uns dieses absichtliche Eintauchen in die Stille demonstriert. Der biblischen Geschichte zufolge ertappten die Stadtbewohner eine Frau beim Ehebruch und brachten sie zu ihm, um ihn zu fragen, ob sie nicht das Recht hätten, sie zu steinigen, weil sie das Gesetz gebrochen habe. Die Ankläger der Frau waren sich sicher, dass sie Jesus in die Enge getrieben hatten. Würde er offen für einen Gesetzesbruch eintreten?

Jesus stand unter Zugzwang. Und wie reagierte er in jenem kritischen Moment? Statt sofort zu antworten, versenkte er sich in die Stille. Er bückte sich und schrieb etwas in den Sand. Wir haben keine Hinweise auf das, was er schrieb, ja, wir wissen nicht einmal, ob er etwas Sinnvolles schrieb. Ich sehe dieses In-den-Sand-Schreiben als Verzögerungstaktik an. Die Städter wollten sofort eine Antwort von Jesus, doch dieser wusste, dass er zuerst in die Stille gehen musste, um eine Antwort zu erhalten. Und aus dieser Stille gingen einige der kraftvollsten Worte hervor, die je gesprochen wurden: „Wer von euch ohne Sünde ist, werfe den ersten Stein auf sie."[9] Mit dieser Herausforderung konfrontiert, standen die Städter jetzt selbst unter Zugzwang. Einer nach dem anderen schlich davon und ließ die Frau allein mit Jesus zurück.

Stille und Bewusstsein sind ein Feld unendlichen Potenzials, aus dem wir, von unserer inneren Realität ausgehend, unsere persönlichen Erfahrungen und unsere äußere Welt erschaffen können. Alle neuen Antworten kommen aus der Stille. Durch die Stille lassen sich alle verwirrenden Probleme lösen. Wenn wir unser Leben von innen nach außen leben, werden wir durch den „inneren Wissenden" auf alles aufmerksam gemacht, was wir wissen müssen. Wir hören auf, Erfüllung außerhalb von uns zu suchen, und genießen innere Zufriedenheit und unser Vertrauen ins Leben. Die äußere, angsterzeugende Welt verliert ihre Macht über uns.

---

9 Johannes 8,7, in: Die Bibel, a. a. O.

STILLE IN DEN KORRIDOREN DER MACHT?

Während einer Busreise durch Irland hörte ich drei Frauen zu, die über einen Zeitungsartikel sprachen, den sie am Morgen gelesen hatten. In dem Artikel ging es um globale Gewalt. „Ich sehe nicht ein, warum diese Gewalt weitergehen muss", sagte eine der Frauen. „Ich sehe nicht ein, warum wir nicht alle einfach in Frieden leben können."

Die anderen beiden Frauen reagierten sofort: „Ach, komm schon. Du bist eine unverbesserliche Optimistin. Wir werden den Lauf der Welt niemals ändern. Es ist schon immer so gewesen."

Die Welt hat sich verändert und sie wird sich weiter verändern. Ja, sie muss es sogar. Wenn du dies jetzt liest, hast du bestimmt das Gefühl, dass es eine Möglichkeit gibt, persönliches Leid zu verringern und inneren Frieden und sogar Weltfrieden zu schaffen.

Wenn Menschen zusammenkommen, in Stille sitzen oder zusammen meditieren, dann lösen sich oberflächliche Differenzen normalerweise auf. Es gibt keine Urteile – nur die gemeinsame Erfahrung einer Verbindung in Akzeptanz und Einheit.

Stellen wir uns vor, dass der Tag kommen wird, und zwar bald, an dem die führenden Politiker der Welt regelmäßig vor und während ihrer Beratungen in Stille zusammensitzen. Wenn unklar ist, wie sie vorgehen sollen, dann wird es kein Schachern oder Wetteifern um nationale Vorteile geben, keine Schmeicheleien, keine Standpauken, keine Drohungen. Sie werden wissen, dass es Zeit für eine andere Art von „Waffenstillstand" ist, und sie werden in die Stille gehen, aus der schließlich eine bessere Lösung für alle Betroffenen entstehen wird. Genau wie die beiden Frauen im Bus mögen das einige von uns als unmöglichen Traum ansehen.

Es ist jedoch wichtig, zu glauben, dass diese neue Art, in der Welt zu sein, möglich ist, und mit jenem Glauben und der Verpflichtung, entsprechend zu handeln, werden die Energie, das Wissen und die Kreativität kommen, um es tatsächlich zu tun.

Stell dir vor, dass Stille in naher Zukunft als Möglichkeit anerkannt werden wird, um Beziehungsprobleme zu lösen. Stelle dir den Tag vor, an dem sich Paare und Familien regelmäßig Zeit nehmen werden, um vor dem Abendessen oder vor Beginn einer Aktivität oder ernsthaften Unterhaltung in Stille zusammenzusitzen; den Tag, an dem Unternehmen, Institutionen und Regierungen den Wert der Stille sehen und „Pausen der Stille" mit Freuden genehmigen. Stellen Sie sich einen Arbeitsplatz vor, an dem Menschen wirklich präsent miteinander sind.

Lasst uns vorausahnen, wann kreative Lösungen erforderlich sind, sodass die Bedürfnisse aller oder möglichst vieler erfüllt werden können, und Anführer sich die erforderliche Zeit nehmen werden, um ihre Seelen zu stärken. Indem sie in die Stille gehen, werden sie imstande sein, ihre gewohnten Denkmuster hinter sich zu lassen und dadurch „inneren" Raum für veränderte Wahrnehmungen und ein neues Bewusstsein zu schaffen, das sie führen kann. Auf den Rückzug in die Stille folgt fast immer eine kreative Phase. Aus dieser „Auszeit" können sich neue Lösungen für langjährige Probleme ergeben. Indem die Anführer der Zukunft in die Stille gehen und sich auf eine tiefe spirituelle Weisheit berufen, werden sie schneller *wissen*, welche edle Vorgehensweise sie verfolgen sollten.

UNSER BEDÜRFNIS NACH EINER EDLEN VISION

Dies ist zugegebenermaßen ein visionäres Buch, doch das ist unerlässlich, denn „ohne prophetische Offenbarung verwildert das Volk“[10].

Es liegt in unserer Hand, eine Vision für unser persönliches Umfeld zu entwerfen und unser Leben dann so zu leben, dass wir die Lücke zwischen dem, was wir im Moment erleben, und dem, was hinter unserer Vision und unserem Wunsch zurückbleibt, nach und nach schließen können.

Wenn du mit etwas beschäftigt bist oder in eine Situation oder einen Streit hineingezogen wirst, dann stell dir die Frage: „Was hat das mit meiner persönlichen Vision zu tun?“ Die Ursache von allem ist im Innern zu finden. Es kann eine große Versuchung für dich sein, äußere Probleme anzugehen und zu glauben, dass du etwas verändern kannst, indem du die Auswirkungen manipulierst. Doch nichts verändert sich wirklich, wenn die Veränderung nicht von deinem inneren Wesen angestoßen wird.

Anliegen, für die wir uns engagieren, müssen unserem inneren Zustand entspringen, im Verbund mit unserem sich vertiefenden Bewusstsein. Es gibt viele edle Ziele. Wenn wir jedoch nicht aufmerksam sind, dann kann es sein, dass wir uns von allem Möglichen ablenken lassen. Es ist erforderlich, dass wir unsere Vision im Fokus behalten und ihr ständige Aufmerksamkeit schenken.

Träume auch global. *Stelle dir vor*, es gibt eine Zeit, in der die Verantwortlichen der Nationen nicht aus Ehrgeiz, sondern aus ihrer gemeinsamen Verantwortung heraus agieren werden, sie werden Anführer sein, die der gesamten Menschheit dienen. *Stell dir vor*, was entstehen könnte, wenn die Abgesandten der Nationen, statt sich

---

10 Sprichwörter 29,18, in: Die Bibel, a. a. O.

in Pose zu stellen, um ihr Gesicht vor der jeweiligen Öffentlichkeit zu wahren, Probleme des nationalen und persönlichen Egos zurückstellen und stattdessen Lösungen suchen würden, die allen Beteiligten Vorteile brächten. *Stell dir vor*, dass es schon bald eine Ebene internationaler Führung geben wird, die auf der Grundlage der Würde und des Wertes aller eine edle Vision für die gesamte Menschheit formulieren und dann jedes Land und jeden Einzelnen von uns auffordern würde, zusammenzurücken, um diese Vision zu verwirklichen.

Stell dir eine Welt *vor*, in der wir aus dem Gefühl unseres Einssein als Spezies miteinander umgehen. Träume davon, dass jeder von uns die Verantwortung übernimmt, Hüter unserer Mitmenschen und unseres Planeten zu sein.

AUTHENTISCHE FÜHRUNG

Lasst uns an dem Glauben festhalten, dass mehr Anführer auftauchen werden, die mit der Praxis der Stille gut vertraut sind und sich wahrscheinlich auch mit anderen spirituellen Praktiken beschäftigen. Warum? Weil authentische Anführer ihrem eigenen spirituellen Wesen treu sind. Weil sie größtenteils über die Beschränkungen des Egos hinausgegangen sind, werden sie authentisch sein und ihre Fehler und Mängel ehrlich zugeben. Sie werden eine Zuversicht ausstrahlen, die sich als Folge der Selbsterkenntnis einstellt. Aufgrund ihrer Achtsamkeitspraxis werden sie Verhaltensweisen an den Tag legen, die viele an ihnen bewundern werden. Außerdem werden sie, weil aus der Stille Kreativität entsteht, äußerst kreativ und innovativ sein. Sie werden spielend „um die Ecke denken" und so den Weg zu neuen Lösungen für unsere gegenwärtigen und zukünftigen Herausforderungen weisen.

ÜBUNG

Denke an deine persönliche Lebensvision und schreibe sie auf. Dann halte an dieser Vision fest. Wenn sie sich im Laufe der Zeit ändert, erkenne dies an und schreibe sie neu. Dann halte daran fest.

ÜBUNG

Denke an deine persönliche Vision für die gesamte Menschheit und schreibe sie auf. Wenn sie sich im Laufe der Zeit ändert, dann erkenne dies an und schreibe sie neu. Dann halte daran fest.

***

6

AKZEPTANZ ERFORSCHEN

Das Ego sieht Akzeptanz als Nachgiebigkeit und Hingabe als Eingeständnis einer Niederlage an.

Wie wir wissen, ist eines der Tore zum Jetzt die vollständige Akzeptanz dessen, was wir im Moment erleben. Es ist leicht, Dinge zu akzeptieren, wenn alles gut läuft, doch natürlich ist es weitaus schwieriger, wenn uns Situationen herausfordern und Zustände von Angst, Sorge, Trauer, Traurigkeit oder Ärger über Veränderungen hervorrufen.

Wir neigen von Natur aus dazu, uns dem zu widersetzen, was in diesen schwierigen Zeiten geschieht, und nicht offen für vollständige Akzeptanz zu sein. Deshalb ist es wichtig, dass wir uns zu jeder Zeit, sei diese eine glückliche, neutrale oder schmerzhafte, in Akzeptanz üben. Denn nur dann können wir, wenn schwierige Dinge passieren und der Widerstand den Sieg davontragen möchte, in einem Zustand von Vertrauen und Annahme verweilen.

Akzeptanz öffnet uns für die Realität dessen, was ist. Wir sind ruhig, klarsichtigen Geistes, nicht von unseren Emotionen kontrolliert. In diesem Zustand wissen wir, ob es gut ist, zu handeln oder nicht, und wenn wir es tun, wissen wir, wie wir am besten vorgehen sollten.

Widerstand bringt die Energieladung des „gegen" mit sich, und auf einer bestimmten Ebene kann er als gegen das Leben gerichtet angesehen werden. Wenn wir wirklich mit dem Gewahrsein leben würden, dass das Leben *für* uns ist, selbst dann, wenn es nicht so zu sein scheint, und dass es uns immer dazu auffordert, im Gewahrsein unseres wahren Selbst zu wachsen oder aus unserem wahren Selbst zu kommen, dann würde es uns leichter fallen, Dinge so anzunehmen, wie sie sind.

Wenn wir feststellen, dass wir etwas nicht akzeptieren können, dann sollten wir versuchen, es einfach *sein zu lassen*. Auf diese Weise vermeiden wir Widerstand, der emotionalen und psychologischen Schmerz verursacht. Sofern es nicht um Selbstverteidigung geht, handeln wir, wenn wir gegen jemanden, eine Gruppe, eine Führungspersönlichkeit oder Institution sind, entweder aus Eigeninteresse, einem Gefühl von Verletzlichkeit oder beidem. Das soll nicht heißen, dass unsere Haltung für uns zu jener Zeit nicht richtig ist. Wir können jedoch nie die Gesamtsituation sehen und wie sie sich in das größere Ganze unseres Lebens oder die Entwicklung des menschlichen Lebens an sich einfügt. Wenn wir glauben, das zu können, sind wir – bildlich gesprochen – halb blind.

„Doch wie kann ich überhaupt so etwas wie Völkermord, brutale Vergewaltigungen, Menschenhandel und andere abscheuliche Taten akzeptieren? Einige Dinge sollten einfach nicht akzeptiert oder toleriert werden."

Ich stimme dir zu. Akzeptanz bedeutet nicht, zu ignorieren, was passiert ist, und zu versuchen, es zu leugnen oder zu vergessen. In Situationen wie diesen kannst du nur akzeptieren, dass diese schrecklichen Dinge passiert sind und weiterhin in unserer Welt passieren werden, doch das bedeutet nicht, dass du sie in irgendeiner Weise billigst. Vielmehr erhebst du deine Stimme gegen solche unmenschlichen Handlungen. Du bezeichnest sie als das, was sie sind: destruktive und oft auch kriminelle Handlungen, die gestoppt werden müssen. Und du tust, was du kannst, um solcher Unbewusstheit ein Ende zu setzen. Du sagst deine Meinung, weil solche Situationen nach Gerechtigkeit verlangen, doch es sollte alles getan werden, um auf Ungerechtigkeiten so zu reagieren, dass eine Wiedergutmachung stattfindet – anstatt weitere unmenschliche Taten zu verursachen oder zu provozieren. Mit Angst oder als Wut getarnter Angst zu reagieren wird solche verletzenden Taten nicht transformieren. Außerdem können wir uns alternativ dafür entscheiden, unser Leben künftig dergestalt zu führen, dass wir dafür verantwortlich sind, wie unsere Handlungen andere beeinflussen.

Eine andere, weniger offensichtliche Form von Akzeptanz ist das Eingeständnis, dass man über eine Sache nichts weiß. Du weißt nicht, ob etwas alles in allem eher positiv oder negativ ist; du weißt nicht, ob eine bestimmte politische Partei oder eine andere besser ist, um dein Land zu einer bestimmten Zeit zu führen; du weißt nicht, ob dich ein bestimmter Mensch bewusst verraten hat oder nicht. Wenn du zugibst, dass du es nicht weißt, bist du nicht im Widerstand, drängst weder dich noch andere zu einer Antwort oder hast das Gefühl, Stellung beziehen zu müssen. Du ruhst einfach in dem Nichtwissen und lässt die Dinge so sein, wie sie sind, während du darauf wartest, ob Klarheit kommt.

„Gibt es ein WIE, das es mir erleichtern könnte, zu akzeptieren, was das Leben bringt?“

Ja. Dazu ist allerdings ein Sinneswandel beziehungsweise eine Veränderung deiner Wahrnehmung erforderlich.

Wenn wir erkennen, dass unser wahres Selbst als Erweiterung unserer Quelle nie bedroht werden kann, wird diese Gewissheit uns in die Lage versetzen, die Dinge leichter zu akzeptieren, selbst unter schwersten Bedingungen. Lasst uns außerdem sehen, ob wir unsere

Wahrnehmung des Lebens als etwas, das uns geschieht, zu einem Leben, das *für* uns geschieht, ändern können. Wenn wir können, werden wir alles mit Dank empfangen. Das Leben möchte uns zu einer höheren Bewusstseinsebene aufwecken, und wir hier auf der Erde sind jetzt aufgefordert, genau das zu tun. Das ist unser gemeinsames Ziel als Menschen.

Widerstand führt zu Anspannung in Körper und Geist. Wir ziehen uns zusammen und sind dann nicht offen für den Fluss von Heilung und die korrigierende Intelligenz des Lebens selbst. Sag dir einfach, „Ich bin für" etwas oder jemanden, lass dem ein „Ich bin gegen" jemanden oder etwas folgen und nimm wahr, wie du den Unterschied tief in deinem Körper fühlst. „Für etwas zu sein" öffnet dich für das Leben. „Gegen etwas zu sein" verschließt dich dafür. Deshalb ziehen befähigende Visionäre, die für eine edle Sache eintreten, Gleichgesinnte an und führen positive Veränderungen herbei. Wenn du von einer Position des „Gegen-etwas-Sein" kommst, wirst du dein Ziel wahrscheinlich nicht erreichen. Oder wenn du es tust, wird es voraussichtlich nicht lange Bestand haben, da es schwierig ist, etwas aufrechtzuerhalten, das aus der negativen Energie des „Dagegen" kommt. Das bedeutet natürlich nicht, dass du nicht für deine Prinzipien und Rechte eintrittst.

„Unterscheidet sich Akzeptanz von Hingabe? Ist Hingabe eine tiefere, anspruchsvollere Form von Akzeptanz? Ist Hingabe eher wie ein Loslassen? Gehört dazu sogar, die Frage ‚Warum?' loszulassen?"

Nur durch gefühlte Erfahrung kannst du das im Einzelfall ermitteln.

Wie können wir die Diagnose einer unheilbaren Krankheit, den Verlust eines Kindes oder eine beinahe tödliche Verletzung, die uns arbeitsunfähig macht, den Zusammenbruch dessen, was bisher eine gesunde Familiendynamik war, akzeptieren?

Wenn solche zutiefst schmerzlichen Dinge uns selbst, den Menschen, die wir lieben, oder anderen passieren und wir nichts dagegen tun können, sind wir gezwungen, sie zu akzeptieren. Wenn wir dies widerwillig tun, ist das keine echte Akzeptanz. Bereitwillige und vollständige Hingabe unter so schmerzlichen Umständen ist eine große Herausforderung, doch sie birgt auch eine intensive spirituelle, transformative und heilende Kraft in sich. Wenn sich ein Mensch vollkommen hingegeben hat, erlebt er manchmal durch einen Akt der Gnade ständige Freude und Begeisterung für das Leben.

Ja, wir müssen akzeptieren, was geschehen ist, da es nun mal geschehen ist, doch es kann lange dauern, bis wir uns dem hingeben, was es sonst noch nach sich zieht. Tiefe und vollständige Hingabe an so etwas wie den Verlust eines geliebten Menschen oder die lebensbedrohliche Sucht eines Kindes dauert normalerweise längere Zeit. Wenn man glaubt, dass sie sich hingegeben haben, zeigt sich später häufig, dass ihre Hingabe nicht vollständig war. Die Phasen der Hingabe können, genau wie diejenigen des Trauerns, endlos sein. Wir schreien förmlich: „Oh, wann werde ich wissen, dass ich mich vollständig hingegeben habe?" Ein weiser spiritueller Lehrer beendete sein Buch *Jetzt! Die Kraft der Gegenwart* mit der Antwort: „Wenn du die Frage nicht länger stellen musst."

Und was ist mit Vergebung, was mit der Hingabe an einen tiefen Schmerz, den uns ein anderer Mensch bereitet hat? Wir können sagen, dass wir akzeptiert haben, was uns verletzt hat, und der Person verziehen haben, die uns verletzt hat – doch haben wir das wirklich? Vollständige Vergebung kann ebenfalls sehr lange dauern. Wenn wir nicht länger an dem Schmerz festhalten oder uns nicht einmal mehr an das erinnern, was wir verzeihen müssen, dann ist unsere Vergebung vollkommen, und das ist ein Segen für uns und die andere Person. Ein weiterer Hinweis, dass wir unseren „Feinden" verziehen haben, ist, dass wir für sie und ihr Wohlergehen beten.

Akzeptanz kann auch als friedlicher Widerstand gesehen werden. Wenn wir friedlich sind, verfolgen wir nicht die Absicht, Schaden anzurichten oder andere zu unterjochen. Das wurde auf der Weltbühne wunderschön von Mahatma Gandhi und Martin Luther King illustriert. Erstaunliche Kraft liegt in Akzeptanz und Hingabe genauso wie in friedlichem Widerstand. Friedlicher Widerstand ist nicht *gegen* eine wahrgenommene Ungerechtigkeit gerichtet, sondern tritt *für* Gerechtigkeit ein. Was ist das Wesen dieser Kraft? Zu wissen, dass wir für Gerechtigkeit und eine bessere Welt eintreten. Zu wissen, dass wir aus Liebe zu unserer Gemeinschaft handeln, ganz gleich, wie groß sie sein mag, oder aus Liebe zur gesamten Menschheit.

Wenn wir aus friedlichem Widerstand agieren, geben wir denen, die auf aggressive Weise Vergeltung üben wollen, keinen Grund und keine Entschuldigung.

Lasst uns innehalten und die folgenden Worte von Martin Luther King aufnehmen:

„Richtig verstanden, ist Macht nichts weiter als die Fähigkeit, ein Ziel zu erreichen. Und eines der großen Probleme in der Geschichte ist, dass die Begriffe Liebe und Macht häufig als diametrale Gegensätze, aufgefasst worden sind, sodass Liebe mit dem Verzicht auf Macht identifiziert worden ist und Macht mit der Verleugnung von Liebe. … Was wir brauchen, ist die Erkenntnis, dass Macht ohne Liebe rücksichtslos und missbräuchlich ist, während Liebe ohne Macht sentimental und blutleer ist. Macht in ihrer besten Form ist Liebe, die die Forderungen nach Gerechtigkeit durchsetzt, und Gerechtigkeit in ihrer besten Form ist Liebe, die alles zurechtrückt, was sich gegen die Liebe stellt.“[11]

---

[11] Martin Luther King jr., Ansprache vor der Southern Christian Leadership Conference, Atlanta, Georgia, am 16. August 1967.

Wenn wir Dinge wie abscheuliche Verbrechen, akute Konflikte, vorsätzliche Unterdrückung oder Folter sehen, gegen die wir persönlich keine konkreten Maßnahmen ergreifen können, weil sie in fernen Regionen stattfinden, wie können wir dann am besten reagieren? Akzeptieren wir so etwas einfach als die menschliche Verfassung zu diesem Zeitpunkt in unserer Evolution? Uns nicht für Dinge zu interessieren, gegen die wir unserem Gefühl nach nichts unternehmen können, bedeutet lediglich, dass wir uns selbst schwächen, indem wir uns von unseren Brüdern und Schwestern abschneiden. In solchen Situationen unsere Wut an den schuldigen Parteien auszulassen und sie mit unseren Urteilen und Beschuldigungen zu provozieren ist nutzlos. Wir sind jedoch alles andere als hilflos. Wenn wir die entsprechenden finanziellen Mittel haben, können wir Organisationen wie Amnesty International, Oxfam, Ärzte ohne Grenzen, UNICEF, World Vision und vielen anderen Spenden zukommen lassen. Wir können an der Intention des höchsten Guts für alle Beteiligten festhalten; wir können ein Gebet der liebevollen Güte sprechen und es der gesamten Menschheit oder einer spezifischen Gruppe schicken, die in Not ist. Wir können „unseren eigenen Garten bestellen", unsere persönliche, begrenzte Welt, indem wir bei allem, was wir tun, und allen, mit denen wir in Kontakt kommen, aus Liebe handeln. Das wird auf größere Gemeinschaften ausstrahlen.

„Wenn wir auf Menschen stoßen, die gefühllos sind und andere sogar aggressiv verletzen wollen, wie können wir dann ihr Verhalten akzeptieren?"

Wir akzeptieren es nicht. Wir tun unser Möglichstes, um ihre verletzenden Verhaltensweisen zu stoppen. Dann halten wir ihnen gegenüber Mitgefühl aufrecht, da sie noch unbewusst sind, was bedeutet, dass sie sich noch nicht auf einer Ebene befinden, auf der ihnen andere wichtig sind oder sie sich für ihre schädlichen Handlungen anderen gegenüber verantwortlich fühlen. Vergib solchen

Menschen. Sie sind durch ihr ausschließlich selbstbezogenes Ego so geblendet, dass sie ihr zwanghaftes Bedürfnis, andere zu erobern, Kontrolle über sie zu haben und sich an ihnen auf verschiedene Weisen zu rächen, nicht stoppen können. Sie müssen noch sehr viele Lektionen lernen, damit ihr Bewusstsein in jenem Schulgebäude wachsen kann, das sich „Erde" nennt. Menschen mit einem mentalen oder emotionalen Ungleichgewicht werden wahrscheinlich nicht verstehen, warum sie auf andere losgehen.

Die meisten wissen wirklich nicht, was sie dazu antreibt, anderen zu schaden. Unsere ultimative Herausforderung? Sie brauchen unser Mitgefühl, keine Ablehnung und auch keine Bestrafung. Jeder von uns hat seinen eigenen Entwicklungsverlauf. Einige sind auf dem Weg zum Bewusstsein der Fürsorge für andere weiter vorne als andere; doch ganz gleich, wie lange es dauert, es werden schließlich alle an demselben Ort landen und zu ihrem wahren Selbst kommen.

7

MEDITATION UND ACHTSAMKEIT

Der Buddha wurde gefragt: „Was hast du durch Meditation bekommen?“ – „Nichts“, antwortete der Buddha, aber lass mich dir erzählen, was ich verloren habe: Zorn, Angst, Depression, Unsicherheit, Furcht vor Alter und Tod.“

J. Krishnamurti

Einige seltene Individuen sind spontan zu ihrer wahren Identität erwacht, häufig aber erst, nachdem sie schlimmes Leid erlebt hatten, andere durch inniges Gebet und Dienen. Meditation, die in einen Zustand der Stille führt, ist für die meisten Menschen wohl der beste Weg, um herauszufinden, wer sie wirklich sind. Spirituelle Lektüre, spirituelle Praktiken und auch der Aufenthalt in einer spirituellen Gemeinschaft werden diesen Prozess beschleunigen. Je regelmäßiger du meditierst, umso eher *erfährst* du, wie das wahre Selbst in dir auftaucht. Die Schichten des falschen egoischen Selbst fallen allmählich von dir ab und so wirst du dir deiner wahren Natur und deiner Fähigkeiten immer stärker bewusst. Durch Meditation können wir etwas in uns berühren, das ewig ist. Und sobald wir das Ewige in uns einmal *erfahren* haben, können wir nicht länger daran zweifeln, dass wir ewig sind.

DER MANN UND DER VERLORENE SCHLÜSSEL

Ein Mann steht auf der Straße vor seinem Haus unter einem Laternenmast. Er sucht äußerst aufgeregt nach etwas. So macht er eine ganze Weile weiter. Ein Passant bleibt stehen und fragt ihn: „Wonach suchen Sie denn so eifrig?" Der Mann entgegnet: „Nach meinem Hausschlüssel." Der Passant fragt: „Haben Sie ihn denn da draußen verloren?" – „Nein, ich habe ihn im Haus gelassen." – „Warum suchen Sie ihn denn dann hier draußen?", fragt er. „Weil es im Haus dunkel ist", entgegnete der Mann. „Nun, warum gehen Sie dann nicht rein und schalten das Licht ein?" – „Was für eine großartige Idee!" Der Mann ging also ins Haus, schaltete das Licht ein und fand den Schlüssel direkt auf dem Tisch.

Viele von uns sind wie der Mann, der den Schlüssel zu seinem Zuhause draußen sucht, wo er ihn nicht finden kann.

Das „Zuhause" steht archetypisch und symbolisch für das eigene Leben. Wie der Mann werden wir den Schlüssel zu unserer wirklichen Identität nicht finden können, wenn wir nicht in unseren Körper gehen und das Licht des höheren Bewusstseins einschalten.

Praktisch die gesamte Menschheit ist immer noch von der Außenwelt fasziniert – der Welt der materiellen Dinge, der gedanklichen Konzepte. Tatsächlich „verlieren sich" die meisten von uns noch in der äußeren Welt.

„Wie können wir verhindern, dass wir ‚in der Welt verloren gehen', wenn wir arbeiten, einkaufen, für unsere Familien sorgen, Rechnungen bezahlen, durch die Medien informiert bleiben, regelmäßig zum Arzt gehen müssen und so weiter?"

Lasst uns erforschen, ob wir in der Welt und gleichzeitig frei von unseren Anhaftungen an sie sein können.

Wenn man uns bittet, aufzuzeigen, was uns umgibt, wird fast jeder die Objekte – Menschen, Möbel, Blumen und so weiter – erwähnen, jedoch nicht den Raum bemerken, der alles umgibt und der gewöhnlich durchdringender ist als die Objekte selbst. Genauso sind die meisten von uns sich der Schätze im Innern ihres Körpers nicht gewahr. Wir haben schon oft gehört, wir sollten nach innen schauen. „Denn: Das Reich Gottes ist (schon) mitten unter euch."[12]

Sind wir wie der Mann, der den Schlüssel zu seinem Haus verloren hat und von jemandem darauf hingewiesen werden muss, WIE dieser zu finden ist?

MEDITATION IST DER WEG – DER WEG VOM KONFLIKT ZUM FRIEDEN

Durch den kraftvollen Akt der Meditation wird uns Menschen die Stille im Innern bewusst, die ewig und allumfassend ist. Dieser Zustand der Stille ist nichts Persönliches, er ist universell – ein fundamentales, gemeinsames Element der ganzen Menschheit, das viele leider, falls überhaupt, nur sporadisch erfahren haben.

In der Menschheitsgeschichte haben die meisten bis heute ihre Trennung von anderen gefühlt, was in vielfacher Weise zu zwischenmenschlichem Unfrieden und Konflikten in der Welt geführt hat. Erfreulich ist jedoch, dass wir als Menschen instinktiv auch mit anderen verbunden sein möchten. Wir möchten uns mit anderen Menschen treffen und Fürsorge und Empathie für andere und vonseiten anderer fühlen. Das ist ein Aspekt des Hin und Her des Menschseins.

Meditation ist eine gute Möglichkeit, unser Einssein zu erfahren. Wenn eine ausreichende Anzahl von uns unser Einssein erkennt,

---

12 Lukas 17,21, in: Die Bibel, a. a. O.

dann wird sie eine kritische Masse erreichen, einen Wendepunkt, der eine unaufhaltsame und erhebliche positive Wirkung auf die Menschheit haben kann. Durch Meditation erkennen wir, dass ich nicht nur der Hüter meiner Brüder und Schwestern bin, sondern dass ich meine Brüder und Schwestern *bin*.

„Was ist mit dem anderen Teil der Menschheit, der nicht zu dieser Erkenntnis kommt und immer noch Kontrolle über andere haben oder ihnen offen oder durch Entzug schaden will?"

Das ist der Grund, warum unsere Spezies durch genügend Menschen innere Stille erfahren muss, um den Wendepunkt zu einem höheren Bewusstsein für alle herbeizuführen.

„Und wenn das nie passiert?"

Selbst wenn wir den Wendepunkt in unserer Lebenszeit nicht erreichen, wird sich das höhere Bewusstsein, sobald es von Einzelnen erreicht wurde, im stärksten Maße auf das auswirken, was die Menschheit nachher erlebt. Bei der Bewegung hin zu einem höheren Bewusstseinszustand kommt es nie zu einem Verlust.

Unsere Welt wird nicht allein von menschlichen Systemen, Institutionen oder hoher menschlicher Intelligenz gerettet werden, sondern vor allem durch Individuen, welche die Liebe, die sie sind, finden und teilen, indem sie meditieren und nach innen gehen. Wenn Meditation weltweit praktiziert wird, werden Menschen ihre liebende und transformative Kraft verstehen lernen. Das kann natürlich nur realisiert werden, indem es praktiziert wird. Und dann werden wir der Meditation aufgrund unserer Erfahrungen einen hohen Stellenwert in unserem Leben einräumen.

Menschen verbringen viele Jahre damit, Diplome zu erwerben, Karriere zu machen, Dinge anzuhäufen, sich um ihre Familie zu sorgen, ihre Gesundheit zu verbessern, doch wie oft nehmen sie sich die

Zeit, um zu verstehen, *warum* es just jene Erfahrungen sind, die sie in ihrem Leben machen?

DER NUTZEN DER MEDITATION

Es gibt viele Formen von Meditation. Alle sind wertvoll, da sie uns in den gegenwärtigen Moment hineinziehen und uns nach innen führen. Ihre Vorteile sind vielfältig: Meditation senkt den Blutdruck und hilft uns, besser zu schlafen, sie stärkt unser Immunsystem und verhindert vorzeitiges Altern. Alles, was du tun musst, ist, das Stichwort „Meditation“ im Internet zu suchen, und du wirst viele Seiten mit Informationen über den Nutzen von Meditation finden, von denen die meisten von der exakten Wissenschaft gestützt werden.

Was man gewöhnlich als Vorteile von Meditation ansieht, könnte man auch als Ergebnisse ansehen. Wenn du bereits meditierst, lautet eine zentrale Frage, die du dir stellen kannst: „Warum meditiere ich?“ Sind deine Gründe die Ergebnisse der Meditation, während Meditation die Ursache ist? Wenn du die gewünschten Resultate beim Praktizieren der Meditation nicht einschränkst, öffnest du dich dafür, noch viele weitere zu erfahren.

WENN DU MEDITIERST, MEDITIERST DU NICHT NUR FÜR DICH SELBST

Unser Bewusstsein beeinflusst alle um uns herum. Wenn Individuen meditieren, werden sie andere in ihrem Umfeld positiv beeinflussen. Wenn zum Beispiel eine Person in einem Haushalt meditiert, dann kommt das allen in diesem Haushalt zugute. Dasselbe gilt für Gemeinschaften wie Kirchengemeinden, kleinere und größere Städte.

Im Jahr 1976 wurde dies durch eine wissenschaftliche Studie dokumentiert: Als 1% der Gemeinschaft die Transzendentale Meditation praktizierte, nahm die Kriminalitätsrate in jener Gemeinschaft durchschnittlich um 16% ab.[13] Auch wenn es bisher kaum wissenschaftliche Beweise für den Nutzen von Meditation für die Gesellschaft insgesamt gibt, verweisen die unzähligen Vorteile für die meditierende Person, einschließlich des Abbaus von Stress, Angst und Depressionen, erwartungsgemäß auf Ergebnisse wie eine positive Verringerung von Autounfällen, Selbstmorden, Geisteskrankheiten und Drogenmissbrauch.

Maharishi Mahesh Yogi, ein indischer Guru, der durch die Beatles, die in seinem Ashram in Indien die Transzendentale Meditation erlernt hatten, weltweit bekannt wurde, sagte vorher, dass, wenn nur 1% der Bevölkerung meditieren und liebevolle Absichten verfolgen würde, dies ausreichend wäre, um die Lebensqualität der Menschen zu verbessern und den Weg zum Weltfrieden zu ebnen.[14] Da es gegenwärtig etwa 7,8 Milliarden Menschen auf der Welt gibt, würden wir also, wenn das stimmt und 1%, nämlich 7,8 Millionen Menschen, regelmäßig meditierten, eine andere Welt sehen. Einzelpersonen, Gruppen und Gruppen innerhalb von Gruppen, die auf der ganzen Welt meditieren, würden der Menschheit mehr Frieden und Harmonie bringen.

Es gibt Meinungsverschiedenheiten hinsichtlich des geforderten Prozentsatzes, um einen solchen globalen Wandel herbeizuführen. Das *Rensselaer Polytechnic Institute* in Upstate New York zum Beispiel führte eine wissenschaftliche Studie in diesem Bereich durch, die zeigt, dass 10% der Weltbevölkerung erforderlich wären, um an

---

13 Studie über den Maharishi-Effekt. Kann Gruppenmeditation die Kriminalitätsrate und Gewalt verringern? Vgl. https://tmhome.com/benefits/study-maharishi-effect-group-meditation-crime-rate/

14 Percent/Transcendental Meditation. Vgl. https://tmhome.com/benefits/study-maharishi-effect-group-meditation-crime-rate/

dem unerschütterlichen Glauben an Weltfrieden festzuhalten und ihn herbeizuführen.[15]

DIE VORTEILE DES MEDITIERENS IN EINER GRUPPE

In einer Gruppe zu meditieren hat viele Vorteile. Einer davon ist, dass sie die Möglichkeit bietet, unser individuelles Bewusstsein schneller anzuheben. Die eine Person in der Gruppe, deren Bewusstsein sich zu dieser Zeit auf der höchsten Ebene befindet, wird durch ihre Präsenz andere in der Gruppe ebenfalls auf diese Ebene ziehen. Um eine Metapher zu gebrauchen: Wenn es ein flackerndes Feuer gibt, wird das Anmachholz daneben schnell Feuer fangen.

Wenn Individuen gemeinsam meditieren, kommt es zu Synergieeffekten für alle. Und zahlreiche Menschen, die in einer Gruppe meditieren, bestätigen, dass sie tiefer in ihre Meditation hineingehen können, wenn sie zusammensitzen.

Bei der tiefen Gruppenmeditation kann man manchmal das Gefühl erleben, dass man selbst und die Individuen in der Gruppe zu einem Feld von Präsenz verschmelzen. Was für eine schöne Möglichkeit, unser Einssein zu erfahren!

Teil einer fürsorglichen Gemeinschaft zu sein ist heilsam. Wir schöpfen Kraft aus der Akzeptanz und Unterstützung, die wir bekommen. Wir dürfen authentisch und verletzlich sein, ohne beurteilt zu werden. In unserer heutigen Zeit, in der viele Familien über die ganze Welt verteilt sind und wir uns viele Stunden am Tag nur mit dem beschäftigen, was auf dem Bildschirm vor uns zu sehen ist, wird es schwieriger sein, Gemeinschaften zu finden und aufzubauen.

---

[15] Linda Sechrist, A Global Wake-Up Call – Collective Consciousness Nears Spiritual Tipping Point. Informationen aus dem Internet: natural awakenings magazine – global wake.

Deshalb werden viele Menschen gezielt daran arbeiten müssen, die Kraft von Familie und Gemeinschaft zu erschaffen und zu erhalten.

MEDITATION UND ACHTSAMKEIT

Heutzutage hören wir Menschen immer häufiger über Achtsamkeit und Meditation sprechen. Manchmal werden diese Begriffe allein in einem bestimmten Kontext verwendet, zu anderen Zeiten synonym oder abwechselnd. Achtsamkeit ist eine bestimmte Art von Gewahrsein. Soweit wir wissen, wurde der Begriff erst vor etwa 2500 Jahren von Buddha eingeführt.

Achtsamkeit bedeutet:

- Das Gewahrsein unserer Erfahrung von Moment zu Moment, während sie sich entfaltet.
- Geistige Wachheit ohne die Überlagerung durch Annahmen, Urteile, Bewertungen, Vorlieben oder Abneigungen sowie Begriffsbildungen.

Kurz gesagt, Achtsamkeit bezieht sich auf die Fähigkeit, unseren unmittelbaren Erfahrungen volle und unvoreingenommene Aufmerksamkeit zu schenken.

Ich habe von einem Vergleich gelesen, der hier angebracht ist. Stell dir vor, dein Verstand in seinem vorherrschenden Zustand sei wie eine Flasche mit sandigem Wasser, das aufgeschüttelt worden ist. Die Partikel, die im Wasser umherwirbeln, sind all deine sprunghaften und unzusammenhängenden Gedanken. Wenn du dich in diesem Zustand befindest, ist es nicht leicht, klar zu denken oder auch nur über deine unmittelbaren, dringenden Bedürfnisse hinauszudenken. Wenn du das Gefäß jedoch auf den Tisch stellst und es ruhen lässt, werden sich die Sandpartikel absetzen und das Wasser wird klar werden. Wird der Verstand durch Meditation beruhigt, dann wird er sich von allein entspannen und klar, ruhig und heiter werden.

Um ein achtsames Leben führen zu können, ist regelmäßige Meditationspraxis praktisch unerlässlich. Durch verschiedene Prozesse, Übungen und Praktiken hilft uns Meditation, den Geist zu disziplinieren, ihn in die Stille und so in einen Zustand von Klarheit zu führen.

Es gibt viele Formen von Meditation und die meisten von ihnen haben zum Ziel, uns in einen Zustand von Achtsamkeit zu bringen, der uns, wenn wir unser voreingenommenes Denken fallen lassen, für höhere Bewusstseinsebenen und neue Einsichten öffnet.

Achtsamkeit erfordert, dass wir unsere alten Konditionierungen und selbstbezogenen Bedürfnisse fallen lassen, sodass wir einen Menschen oder eine Situation klar erkennen können, ohne den Filter früherer Erfahrungen, Annahmen oder Programmierungen.

Wenn wir achtsam sind, werden wir außerdem eher scharfe Beobachter unserer selbst werden – Beobachter dessen, wie unser Geist arbeitet und was unsere Denkneigungen sind. Wir können leichter Zeuge unserer selbst sein und unsere Vorurteile, Ängste und so weiter erkennen. Deshalb kann uns Achtsamkeit, wenn wir sie engagiert und regelmäßig üben, unsere unmittelbaren Erfahrungen stärker bewusst machen, denn wenn wir achtsam sind, sind wir weniger in unserem konditionierten, unfreiwilligen und zwanghaften Denken und den Emotionen, die sie heraufbeschwören, gefangen.

Sind wir achtsam, ist unser Geist still und wach, was eine Voraussetzung für tieferes Gewahrsein und tiefere Einsicht ist. Auch wenn wir diese Zustände nicht erzwingen können, können wir durch Meditation, die zu Achtsamkeit führt, den Weg freimachen, damit sie entstehen können.

UNGLÜCKLICH ODER ACHTSAM?

In einem Jahr, als meine Kinder klein waren und die Weihnachtszeit vor der Tür stand, gab ich mir sehr große Mühe, ihnen einzigartige und wohl überlegte Geschenke für ihre Weihnachtsstrümpfe zu kaufen. Ich nahm mir viel Zeit, diese Geschenke auszusuchen, und packte jedes einzelne sorgfältig und in unterschiedliches Papier ein.

Zwei Tage vor Heiligabend stellte ich dann fest, dass meine Kinder in ihre Socken gegriffen und alle Geschenke geöffnet und wieder verpackt hatten. Ich ärgerte mich grün und blau. Ich rief sie herbei und erzählte ihnen von der ganzen Arbeit, die ich geleistet hatte, um ihre Strumpfgeschenke in diesem Jahr zu etwas ganz Besonderem zu machen. Und sie hatten alles zerstört, indem sie sie vor Weihnachten geöffnet hatten. Ich schrie sie an, sie sollten sofort auf ihre Zimmer gehen. Die festliche Atmosphäre im Haus war dahin.

Wäre ich damals achtsam gewesen, wäre ich nicht „durchgedreht". Ich hätte mich nicht aufgeregt und meine Kinder angeschrien, sondern mir einfach gesagt: „Meine Kinder sind nur Kinder." Sie waren so gespannt auf Weihnachten und darauf, herauszufinden, was für Geschenke sie bekommen würden, dass sie nicht anders konnten, als ihre Strumpfgeschenke zu öffnen."

Ein Junge flehte seinen Vater an, einen Basketballtrainer zu engagieren, der ihm helfen sollte, ins Basketballteam seiner Schule aufgenommen zu werden. Der Vater brachte Stunden damit zu, einen passenden Trainer für seinen Sohn zu finden, und bezahlte drei Stunden im Voraus. Nachdem er dies erledigt hatte, rief er seinen Sohn an und erzählte ihm von der erfreulichen Nachricht, worauf sein Sohn entgegnete: „Papa, ich denke nicht, dass ich das Basketballteam noch ausprobieren will." Der Vater war wütend. Er schrie seinen Sohn an: „Was? Ich habe all den Aufwand betrieben und keine Ausgaben gescheut, um dir zu helfen, und jetzt hast du beschlossen, dass du nicht länger Basketball spielen willst? Du bist ein ausgesprochen undankbarer Sohn." Und er knallte den Hörer auf die Gabel. An jenem Abend fanden keine Gespräche am Esstisch mehr statt, da gab es nur die kritischen Blicke, die der Vater seinem Sohn zuwarf. Als dem Vater bewusst wurde, wie wichtig es ist, insbesondere in verstörenden Situationen Achtsamkeit walten zu lassen, wünschte er sich, er hätte anders auf seinen Sohn reagiert. „Mein Sohn, ich habe mir viel Mühe gegeben, um dir Trainingsstunden zu besorgen, aber jetzt höre ich, dass du deine Zeit nicht länger mit Basketballspielen verbringen willst. Ich habe das Gefühl, dass es gut für dich ist, Sport zu treiben; doch wenn du nicht mit dem Herzen dabei bist, werde ich die Trainingsstunden absagen, und weil du noch nicht damit angefangen hast, sollte ich die Vorauszahlung zurückbekommen."

Ich habe über einen Zen-Schüler namens Bizah und seinen Meister berichtet, der einmal pro Woche ins Dorf ging, um in einem kleinen Restaurant eine besondere Sorte Tee zu trinken. Bei einer Gelegenheit sagte Bizah: „Seht mal dort drüben, Meister. Der Mann dort ist so gefühllos und egoistisch. Er hat alles aufgegessen und seiner Frau nichts übrig gelassen."

„Bizah, erinnere dich, dass du andere nicht beurteilen solltest", sagte sein Meister.

In der nächsten Woche gingen sie wieder zur Teestunde ins Dorf und trafen dort denselben Mann und seine Frau an. Der Meister sagte: „Schau dir den Mann an, Bizah. Der Mann hat das ganze Essen verspeist. Seine Frau hat nichts gegessen." – „Meister", entgegnete Bizah: „Letzte Woche habt Ihr mir gesagt, ich sollte andere nicht beurteilen, und jetzt tut Ihr es selbst. Ich bin verwirrt." Der Meister entgegnete: „Vor einer Woche war das, was du gesagt hast, ein Urteil, Bizah. Was ich gesagt habe, ist kein Urteil: Es ist eine Tatsache."

ÜBUNG

Denke an eine Zeit, als du einfach „durchgedreht“ warst. Spiele diese Zeit in deiner Erinnerung durch oder schreibe sie auf. Was waren die Folgen dieses Vorfalls? Wie hast du dich danach gefühlt?

Spiele den Vorfall jetzt gedanklich erneut durch oder schreibe die Szene um und komme dabei aus einer Haltung der Achtsamkeit. Wie hast du sie verändert? Wie hättest du dich danach gefühlt?

***

8

DIE INNER-BODY-MEDITATION

„Das Gewahrsein des inneren Körpers ist Bewusstheit, die sich an ihren Ursprung erinnert und zur Quelle zurückkehrt."

Eckhart Tolle, Autor von
Jetzt! Die Kraft der Gegenwart und *Eine Neue Erde*

Wenn du mit diesem Kapitel beginnst, dann sei dir bewusst, dass es sehr erfahrungsbezogen ist und wahrscheinlich Informationen enthalten wird, die für die meisten neu sind. Dieses Kapitel enthält die wichtige Praxis der Inner-Body-Meditation, also nimm dir bitte Zeit, wenn du es durchgehst.

IN DER WELT VERLOREN

Wir werden als reine Seelen in diese Existenz hineingeboren, wobei unsere Seelen all die Liebe und Weisheit unseres spirituellen Wesens sind. Im Laufe der Zeit mussten wir jedoch diese reine Unschuld und dieses reine Gewahrsein hinter uns lassen und die „äußere Welt" betreten. Als wir das taten, verloren wir nach und nach die Erinnerung an unsere wahre Natur, bis wir uns mit der Zeit überhaupt nicht mehr an sie erinnern konnten. Die Welt da draußen kesselte uns allmählich ein. Wir begannen, diese illusionäre Welt zu erleben. Warum illusionär? Weil sie auf der Illusion der Trennung von unserer Quelle beruhte.

Tag für Tag wurden wir immer stärker von der Welt der menschlichen Erfahrung aufgezehrt: der Welt der gefühlten Trennung, des ego-gesteuerten Bedürfnisses, der zwanghaften Anziehung unserer Sinneswahrnehmungen, des begrenzten und konditionierten Denkens, des emotionalen und physischen Schmerzes. Wir verloren uns. Wir fühlten uns desillusioniert und wollten einfach unseren Weg zurück nach Hause und zu unserem wahren Selbst finden.

Das Gute ist, dass wir unsere wirkliche Identität nie verlieren können. Und auch unser Zuhause in unserer Quelle können wir nicht verlieren. Dieses Wissen ist noch in unserem individuellen Unbewussten und dem universellen Bewusstsein vorhanden und wartet nur darauf, wieder in unser Bewusstsein vorzudringen. Wir bekommen Hinweise darauf, wenn uns bisweilen die Schönheit der Natur in Verzückung versetzt, wenn wir von einer tiefen Freude überrascht werden, für die es keinen offensichtlichen Grund gibt, wenn wir bedingungslose Liebe für und von jemand anderem erfahren, wenn wir tiefe Dankbarkeit für die zahlreichen Geschenke fühlen, die wir in unserem Leben bekommen, und einen Frieden, der über unser Fassungsvermögen hinausgeht, sodass wir uns fragen: „Wie kann ich in dieser schwierigen Zeit so tiefen Frieden erfahren?“

Je nachdem, wie wir mit unseren menschlichen Erfahrungen umgehen und aus ihnen lernen, werden wir vermutlich in der gegenwärtigen Situation der Menschheit gefordert bleiben, bis der Körper stirbt. Um diese Herausforderungen zu verringern und hoffentlich zu eliminieren, werden wir versuchen, den Weg zurück zu finden und aus unserem wahren Selbst zu leben.

DER WEG ZURÜCK GEHT DURCH DEN KÖRPER

Wie ironisch, dass der Weg zurück zu unserer ursprünglichen Unschuld von uns verlangt, dass wir zurück in den Körper kommen und versuchen, den Prozess, einfach nur „Mensch" zu sein, umzukehren. Wenn wir durch Meditation – die zu Stille führt – in den Körper kommen, können wir in der Stille ohne Worte unsere Quelle hören, die uns immer zu ihm zurückführt.

So wie unsere Seele in einem Körper auf diese Welt gekommen ist, müssen wir den Körper nutzen, um aus ihm auszutreten und zu der Erkenntnis zu gelangen, wer wir wirklich sind. Und das Schöne ist, dass jeder von uns diesen Körper sein ganzes Leben lang mit sich herumträgt, also haben wir immer unmittelbaren Zugang zu dem Gewahrsein, das er in sich birgt.

Dadurch, dass wir das Bewusstsein in unserem inneren Körper fühlen, sind wir dann in der Lage, es in allem, was lebt, zu fühlen.

Aber WIE können wir in den Körper kommen, um das Bewusstsein unseres wahren SELBST wiederzuerwecken, das schon die ganze Zeit da war und nur darauf wartete, dass wir es anerkennen und wertschätzen?

WAS IST DIE INNER-BODY-MEDITATION?

Der Körper befindet sich *im* Feld des universellen Bewusstseins, doch zur selben Zeit *birgt er* dieses Bewusstsein paradoxerweise *in sich.* Mystiker haben dies schon seit Jahrhunderten gewusst – nämlich, dass der Mikrokosmos den Makrokosmos enthalten kann oder, um es in diesen Zusammenhang zu rücken, dass uns das Bewusstsein im individuellen physischen Körper, sobald es einmal erwacht ist, zu einem höheren Bewusstsein bringen kann, das im universellen Bewusstseinsfeld beheimatet ist.

Im individuellen physischen Körper befindet sich ein pulsierender, lebendiger Energie-Bewusstseinskörper. Durch die Inner-Body-Meditation können wir das Bewusstsein im Körper anfachen. Wenn wir dieses Bewusstsein in uns erfahren, wird uns bewusst, dass wir nicht nur unser physischer Körper sind, sondern unendlich viel mehr. Dann wird das Ego, das vom Glauben an Kleinheit, Angst und Trennung lebt, ganz von allein schrumpfen.

Zur Inner-Body-Meditation gehört, in den inneren Energiekörper hineinzugehen, ihn zu fühlen und eins mit dem Gefühl zu werden, über ihn *hinauszugehen*, um unsere formlose, wahre Natur zu erfahren: Freude, Frieden und Liebe.

Für das Erlernen der Praxis der Inner-Body-Meditation sind die Schritte in einer spezifischen Reihenfolge angeordnet, um den Meditierenden so zu vollständiger innerer Körperwahrnehmung und dadurch zu einer höheren Bewusstseinsstufe zu führen. Mit kontinuierlicher Übung gelangt der Meditierende an einen Punkt, an dem das gefühlte Gewahrsein von Bewusstsein im inneren Körper ein Dauerzustand wird. Dann leben die Meditierenden ein Leben in Präsenz, bei dem sich ihr inneres Bewusstsein mit der äußeren Welt der Gedankengebilde und Sinneserfahrungen verbindet. Das wird deutlicher werden, nachdem du die Inner-Body-Meditation erfahren hast.

Die Inner-Body-Meditation führt uns in einen Zustand der Stille. Stille ist, wie bereits gesagt, kein Gedanke. Indem wir unsere Aufmerksamkeit auf den Atem richten, den inneren Energie-Bewusstseinskörper durch unsere Intention und Aufmerksamkeit anfachen und unsere Aufmerksamkeit bei den damit verbundenen Empfindungen halten, wird der Fokus vom zwanghaften Geschwätz des Geistes weggenommen.

In seinem Gedicht „The Higher Pantheism" sagte Alfred Lord Tennyson unter Bezug auf Gott: „Näher ist Er als der Atem, näher als Hände und Füße." Was ist dir näher als dein Atem? Dein Gewahrsein desselben. Und was ist dir näher als Hände und Füße? Die animierende Lebenskraft in ihnen, welche Eckhart Tolle, der weltbekannte Autor und spirituelle Lehrer, „den inneren Körper" nennt, den du aktivieren kannst, indem du deinem inneren Körper deine Aufmerksamkeit schenkst. Volle Aufmerksamkeit ist fokussiertes Bewusstsein, das erhöhtes Bewusstsein anfacht. Wenn diese fokussierte Aufmerksamkeit auf Teile oder deinen gesamten inneren Körper angewandt wird, facht sie das Bewusstsein an, das sich schon im Körper befindet, aber dort geschlummert hat, bis es anerkannt wird, indem wir ihm unsere Aufmerksamkeit schenken. Das, wonach wir gesucht haben, ist schon da – in uns!

DER ATEM WIRD DICH NACH INNEN FÜHREN

DIE BEDEUTUNG DES NATÜRLICHEN ATMENS

Bitte lege eine Hand auf deinen oberen Brustkorb und die andere auf deinen Bauch. Nimm wahr, von wo aus du atmest – deinem oberen Brustkorb oder deinem Bauch? Wenn du nur durch den oberen Brustkorb atmest, kannst du weniger Sauerstoff aufnehmen, als wenn du vom Bauch in den oberen Brustkorb atmest. Der obere Brustkorb kann sich nur zu einem geringen Grad ausdehnen und Sauerstoff aufnehmen, während sich der Bauch beim Atmen zunächst heraus- und dann nach unten schiebt, was es dir erlaubt, wesentlich mehr Luft aufzunehmen und auszuatmen. Wir atmen nur dann durch den oberen Brustkorb, wenn wir in einem Zustand von Stress oder Angst sind. Deswegen bezeichnen einige diese Art des Atmens als egoistisches Atmen. Wenn wir Bilder oder Statuen des Buddha sehen, dann wird er häufig mit vollem, rundem Bauch dargestellt. Vielleicht wollen uns solche Bilder etwas sagen. Atme aus dem Bauch heraus. Das nennt sich natürliches Atmen, denn so sollten wir atmen. Doch wir können es auch die Buddha-Atmung nennen.

ÜBUNG

Lege eine Hand auf deinen Bauch und atme fünf Minuten lang ganz natürlich von dort aus. Lass den Atem im Bauch beginnen und, sobald er voll ist, zum oberen Brustkorb aufsteigen. Wenn du nicht daran gewöhnt bist, aus dem Bauch zu atmen, dann möchtest du vielleicht jede Sitzmeditation damit beginnen, dass du dem deine Aufmerksamkeit schenkst. Wenn du nicht daran gewöhnt bist, natürlich zu atmen, wirst du außerdem vielleicht zu viel Sauerstoff aufnehmen und dich schwindlig fühlen. Wenn das passiert, dann reduziere die Sauerstoffmenge, die du im Bauch aufnimmst. Natürlicher Atem ist genau das, natürlich und rhythmisch, und kein übertriebenes Atmen.

***

SICH AUF DIE INNER-BODY-MEDITATION VORBEREITEN

Wenn ich von der „Inner-Body-Meditation“ spreche, dann meine ich diese Meditationspraxis im Allgemeinen. Wenn ich die Wörter verbinde, um den Begriff „Innerbody-Meditation“ zu bilden, dann beziehe ich mich auf den Namen des Kurses, den ich unterrichte.

Natürlich ist es schwer, über den inneren Körper zu meditieren, nachdem du nur darüber gelesen hast, WIE man das macht. Aus diesem Grund schlage ich vor, dass du die folgende geführte Innerbody-Meditation einige Male durchliest, bevor du sie selbst praktizierst. Dann besuche meine Website, www.constancekellough.com, und lade eine kostenlose Audioaufnahme dieser Meditation mit meiner Anleitung herunter.

Als Lehrerin der Innerbody-Meditation weiß ich, wie wichtig es ist, sich auf die Meditation vorzubereiten.

Setze dich aufrecht auf einen Stuhl und halte deine Wirbelsäule gerade. Achte darauf, dass dein Körper es bequem hat, denn wenn das nicht der Fall ist, wird es dich ablenken. Beruhige den Körper.

Bei einer Sitzmeditation ist es äußerst schwierig, in einen Zustand innerer Stille zu gelangen, wenn der Körper nicht ruhig ist.

Beide Füße sollten fest auf dem Boden ruhen. Deine Beine sollten hüftbreit voneinander entfernt und leicht gespreizt sein. Lege deine Hände auf die Mitte deiner Oberschenkel mit den Handflächen nach unten – nicht zu weit nach vorne, da du dich dann strecken wirst, und nicht zu nahe an deiner Taille, da das dazu führen wird, dass du dich eingeengt fühlen und deine Schultern anheben wirst. Halte auch deine Finger leicht gespreizt.

Entspanne dich. Nimm einen vollständigen natürlichen Atemzug durch die Nase. Halte ihn an, während du bis vier zählst; dann atme vollständig durch den Mund aus, so, als wolltest du die Luft herausdrücken. Wenn du es richtig gemacht hast, solltest du deinen Atem hören, während du ausatmest. Lass beim Ausatmen deine Schultern sinken und entspanne so den Körper. Mach dies noch zweimal und lass jedes Mal deine Schultern noch weiter nach unten sinken. Dann atme normal weiter.

DIE GEFÜHRTE INNERBODY-MEDITATION, SO WIE ICH SIE UNTERRICHTE

Bereite dich, wie oben erklärt, auf die Meditation vor.

Wenn deine Augen geschlossen sind und deine Handflächen nach unten zeigen, woher weißt du dann, dass deine rechte Hand dort ist? Weil du die Energie in ihr fühlen kannst. Häufig fühlt sie sich wie ein Kribbeln oder Zittern an. Dies ist das Bewusstsein in deiner rechten Hand. Nimm weiter die Empfindung in deiner rechten Hand wahr.

Lass die Augen geschlossen und richte nun deine fokussierte Aufmerksamkeit auf deine linke Hand. Fühle, wie sie lebendig wird und voller Energie ist, weil du ihr deine Aufmerksamkeit geschenkt hast. Nimm weiter die Empfindung in deiner linken Hand wahr.

Jetzt richte deine Aufmerksamkeit auf beide Hände gleichzeitig. Genieße die Empfindung in deinen Händen.

Jetzt richte deine Aufmerksamkeit auf deinen rechten Fuß. Fache die Energie in ihm an, indem du ihm deine Aufmerksamkeit schenkst.

Jetzt richte deine Aufmerksamkeit auf den großen Zeh deines rechten Fußes.

Erlebe, dass allein dadurch, dass du deinen rechten großen Zeh ausgewählt und ihm deine Aufmerksamkeit geschenkt hast, er ebenfalls anfing, sich lebendig und voller Energie anzufühlen. Fühle den großen Zeh und den Rest deines rechten Fußes zur gleichen Zeit. Wiederhole diesen Ablauf mit deinem linken Fuß.

Überprüfe, ob du weiter ganz natürlich aus dem Bauch atmest.

Jetzt fühle beide Füße gleichzeitig. Fühle sie schwer auf dem Boden und tief in Mutter Erde geerdet.

Jetzt konzentriere deine Aufmerksamkeit auf den rechten Unterschenkel, dann den linken. Fühle, wie die innere Bewusstseinsenergie in ihnen lebendig wird. Richte als Nächstes deine Aufmerksamkeit auf den rechten, dann den linken Oberschenkel.

Lass dir Zeit, um die Bereiche aufzuwecken, denen du deine Aufmerksamkeit geschenkt hast. Genieße diese gefühlte Erfahrung deines Selbst.

Während du weiter an dem Gefühl von Energie in deinen Händen festhältst, fühle jetzt auch die Energie in deinen Füßen, Unter- und Oberschenkeln.

Sei sanft. Sei locker. Keine Anstrengung. Lass alles los. Spüre, wie jeder Teil des Körpers abfällt, so, als würde er schmelzen. Fühle, wie wunderbar es ist, im Körper zu leben und deine eigene Empfindung – die beseelende Lebenskraft in dir – zu fühlen.

Jetzt entfache die Bewusstseinsenergie in deinem rechten Unterarm, dann in deinem linken Unterarm. Nimm dir die Zeit, die du brauchst, um sie lebendig werden zu lassen und mit Bewusstseinsenergie zu füllen.

Jetzt richte deine volle Aufmerksamkeit auf deinen rechten, dann den linken Oberarm.

Sei locker. Sei sanft. Keine Anstrengung – genieße einfach das Erwachen und das Gefühl des Bewusstseins in deinen Oberarmen.

Jetzt wecke deinen gesamten unteren Rücken von der rechten bis zur linken Seite auf. Stelle sicher, dass du dich nicht von deinem unteren Rücken und Gesäß aus aufrecht hältst. Entspanne dich. Fühle, wie deine Sitzknochen in den Stuhl hineinsinken.

Jetzt kommen wir zu deinen Schultern. Vergewissere dich, dass du sie nicht hochziehst. Lass sie entspannt und fühle, dass sie nach unten gesunken sind. Wir halten viel Spannung in unseren Schultern fest. Lass all das los. Unterstütze deine Schultern nicht und lass sie sinken. Dann fühle die beseelende Lebenskraft in ihnen.

Richte deine Aufmerksamkeit auf dein Genick. Dort trifft das Rückenmark auf den Hirnstamm. Fache die Bewusstseinsenergie in diesem Bereich an.

Jetzt nimm den gesamten Nacken hinzu. Gib ihm deine liebevolle Aufmerksamkeit. Danke ihm dafür, dass er deine Wirbelsäule stützt und deinen Kopf hochhält.

Jetzt gehen wir hoch zum Gesicht, wo sich alle fünf äußeren Sinne befinden. Im Gesicht sind viele Nerven und es ist äußerst sensibel, was es leichter für dich macht, die Energie darin zu fühlen.

Richte deine Aufmerksamkeit auf deine Nase. Es könnte dir helfen, zunächst die Energie auf der Nasenspitze zu fühlen, dann gehst du weiter zu den Nasenlöchern, bevor du zur gesamten Nase kommst.

Es ist schwer, deine Augen einzeln zu fühlen, und wenn du es versuchst, wirst du dich anstrengen. Deshalb stell dir vor, dass du eine Augenmaske trägst und die Energie in dem ganzen Bereich dort fühlst – von einem Ohr zum anderen.

Jetzt gehe zum Mund weiter. Wir benutzen den Mund sehr häufig und die Lippen sind hochempfindlich. Du sollst fühlen können, wie deine Lippen sehr schnell lebendig werden und sich mit Bewusstseinsenergie füllen.

Jetzt fache die Energie in deinem rechten Außenohr an. Dann fache sie auch in deinem inneren Gehörgang an. Tue dasselbe mit dem linken Ohr.

Konzentriere dich nun auf das Innere deiner Ohren und nimm eine zuhörende Haltung ein. Das ist wichtig, weil es, wie bereits erwähnt, gewissermaßen ein Vakuum erzeugen und sich auch so anfühlen kann, was dann das höhere universelle Bewusstsein einlädt.

Jetzt fache die Energie in deiner Stirn an. Dadurch könnte das Bewusstsein deine Aufmerksamkeit auf den Bereich des dritten Auges zwischen den Augenbrauen und etwa 2,5 cm darüber richten. Wenn dem so ist, dann hast du vielleicht das Gefühl, dass der Bereich des dritten Auges sehr aktiv wird, ja sogar eine heftige Reaktion zeigt, wenn er erwacht oder sich weiter öffnet. Wenn das der Fall ist und es unangenehm wird, dann gehe zum nächsten Schritt über.

Richte deine Aufmerksamkeit nun auf deine Kopfhaut. Dort halten wir ebenfalls viel Spannung, was einer der Gründe dafür ist, dass wir Kopfschmerzen bekommen. Lass die ganze Anspannung in der Kopfhaut sich auflösen wie Eis in warmem Wasser.

Jetzt fühle den gesamten Kopfbereich – Kinn, Lippen, Nase, Ohren, Augenbereich, Stirn und Kopfhaut – als *ein* Energiefeld.

Nun bist du bereit, deinen gesamten Körper als einheitliches Energiefeld zu fühlen. Lass dir Zeit dafür. Genieße die Empfindung deines Selbst. Jetzt drehe, bildlich gesprochen, das Intensitätsrad hoch, um die Schwingungsfrequenz des Bewusstseins in deinem gesamten Körper zu erhöhen. Dies kannst du einfach durch deine Intention tun.

Ruhe in der Empfindung deines inneren Körpers, solange du möchtest.

Dann bedanke dich dafür, dass du durch diese Erfahrung das Bewusstsein in dir kennenlernen durftest.

NACHBESPRECHUNG DEINER ERFAHRUNG MIT DER INNERBODY-MEDITATION

Es ist am besten, wenn man seine Erfahrung in einer Gruppe austauschen und in Anwesenheit eines Lehrers Fragen stellen kann. Doch werde ich angesichts der Einschränkungen, die sich aus dem Schreiben über die Innerbody-Meditation ergeben, einige der häufigsten Erfahrungen von Menschen, die diese Meditation praktiziert haben, mit dir teilen und entsprechende Erklärungen dazu geben.

Schüler: Ich habe das Gefühl gehabt, dass Teile meines Körpers sehr warm wurden.

Lehrer: Das bedeutet ein Erwachen und/oder eine Erweiterung des Bewusstseins in diesen Teilen deines Körpers. Genieße die Wärme und bedanke dich dafür.

S.: Ich habe das Gefühl gehabt, dass mein Körper kalt wurde. Ich musste mir eine Jacke anziehen. Ich friere eigentlich nie.

L.: Es kann sein, dass du frierst, wenn du den erwachten Teil des Bewusstseins im Körper integrierst, der immer da gewesen ist, aber erst dann erkannt und gefühlt wurde, als du ihm deine Aufmerksamkeit geschenkt hast. Würdige dies und bedanke dich dafür.

S.: Ich fühle mich wohler, wenn ich meine Beine kreuze.

L.: Dann kreuze deine Beine. Sich körperlich wohlzufühlen ist wichtig. Einige Menschen sagen, dass sie sich entspannter fühlen, wenn sie ihre geöffneten Handflächen auf den Oberschenkeln ruhen lassen. Dann sollten sie genau das tun.

S.: Ich habe Schmerzen im Arm gehabt.

S.: Ich habe Schmerzen im Nacken gehabt.

L.: Wenn ihr das Bewusstsein im Körper weckt, kommt es zu einer Reaktion. Auf der körperlichen Ebene wird diese häufig als Schmerz gefühlt. Wenn ihr eure bewusste Aufmerksamkeit auf diesen Bereich gerichtet haltet – ohne euch in Gedanken zu verlieren –, dann wird die Reaktion gelinder ausfallen und verschwinden. Ist euch das passiert?

S.: Ja.

S.: Ja.

S.: Ich habe Übelkeit im Magen und im Bereich des Solarplexus empfunden.

L.: Das liegt wahrscheinlich daran, dass du emotionalen Schmerz in diesen Bereichen festgehalten hast, der dir erst dann bewusst geworden ist, als du deine Aufmerksamkeit in den Körper gelenkt hast. Halte einfach deine bewusste Aufmerksamkeit dort und sei gleichzeitig Beobachter. Die Übelkeit wird schwächer werden oder sich ganz auflösen.

S.: Ich habe eine unangenehme Enge im Brustkorb gespürt.

L.: Im Brustkorb halten wir starke Anhaftungen. Diese sind immer mit „ich“ und „mein“ verbunden. Es könnten Anhaftungen an deine Eltern, einen verlorenen Liebhaber, dein Geld, deinen Ruf und so weiter sein. Das ist ein Hinweis darauf, dir anzuschauen, woran du anhaftest und was dich davon abhalten könnte, dich freier zu fühlen.

S.: Eine starke Emotion aus meiner Vergangenheit ist hochgekommen, die mir ein sehr unangenehmes Gefühl gegeben hat.

L.: Schenke der Emotion deine bewusste Aufmerksamkeit. Fühle sie und beobachte sie gleichzeitig; dann lasse sie in deinen Magen hineinsinken. Der inzwischen verstorbene Barry Long, einer der wenigen Meister der Innerbody-Meditation, sagte, dass der Magen zwei Funktionen hat. Zunächst einmal verdaut er Nahrung und verwandelt sie in Lebensenergie, um den physischen Körper am Laufen zu halten, doch seine zweite Funktion besteht darin, jede ungesunde oder unwillkommene Emotion in dir zu verdauen beziehungsweise zu verbrennen. Wenn du eine unwillkommene Emotion oder sogar einen unerwünschten Gedanken fühlst, dann lass ihn in den Bauchraum fallen, wo er in deinem „inneren Ofen verbrannt werden wird", was bedeutet, dass er neutralisiert, unschädlich gemacht oder in Bewusstsein umgewandelt werden wird.[16]

S.: Die Rückenschmerzen, die ich jahrelang hatte, sind verschwunden.

L.: Das liegt daran, dass durch das Anfachen des Bewusstseins in deinem Rücken das Bewusstsein, das in diesem Bereich gehalten wird, eine Heilung oder vorübergehende Erleichterung herbeigeführt hat. Gehe nicht mit der Erwartung in die Innerbody-Meditation hinein, dass du physische Heilung erfahren wirst, auch wenn das geschehen kann. Es passiert so viel mehr, wenn du das Bewusstsein im Innern erweckst, und zwar auf allen Ebenen: physisch, mental, emotional und spirituell. Praktiziere die Innerbody-Meditation mit der Intention, dein wahres Selbst zu erfahren.

S.: Ich habe das Gefühl gehabt, dass meine Hände sehr schwer wurden.

---

[16] Barry Long, Stille ist der Weg: Meditation und jenseits davon, Neue Erde 2008.

L.: Das liegt daran, dass du, als du das Bewusstsein in ihnen geweckt hast, dir auch deiner physischen Hände gewahr wurdest, die auf deinen Knien ruhten, und ihr Gewicht gefühlt hast. In Kontakt mit deinem inneren Körper zu kommen hilft dir, auch sensibler für deinen physischen Körper zu werden und mit ihm in Kontakt zu kommen. Außerdem könnte die Tatsache, dass du deine Schultern und deine Ober- und Unterarme entspannt hast und alles sozusagen hast „herunterfallen lassen", dazu beigetragen haben, dass sich deine Hände schwer anfühlten.

S.: Ich habe gefühlt, wie die Energie in meinem Rachenraum immer stärker wurde, obwohl ich meine Aufmerksamkeit nicht dorthin gelenkt habe.

L.: Das liegt daran, dass das erwachte Bewusstsein das Bewusstsein in deinem Kehlchakra entfachen wollte. Es ist erstaunlich, wie die Intelligenz des Bewusstseins, sobald sie einmal aktiviert wurde, den Prozess des Erwachens und der Heilung aufrechterhält, ohne dass wir es auch nur beabsichtigt haben. Ergibt das Sinn für dich? Hast du Schwierigkeiten gehabt, mit anderen zu sprechen, deine Wahrheit zu sagen?

S.: Ja.

S.: Ich habe blaue, wolkenähnliche Formationen kommen und gehen sehen.

S.: Ich habe grelle Lichter aufblitzen sehen.

S.: Ich habe eine riesige Flamme auftauchen und dann vergehen sehen.

L.: Diese Art von Phänomenen ist durchaus üblich. Beobachte solche optischen Eindrücke einfach. Versuche nicht, sie zu erzeugen, zu interpretieren oder zu vermeiden. Sie sind lediglich Gradmesser für den Ausdruck des Bewusstseins, der in deinem Wesen am Werk ist.

S.: Es dauert ziemlich lange, eine vollständige Innerbody-Meditation zu machen. Ich weiß nicht, ob ich jeden Tag ausreichend Zeit finden werde, um sie zu üben.

L.: Ja, am Anfang, wenn du lernst, wie du praktizieren und deinen inneren Körper beleben kannst, erfordert diese Form der Meditation Zeit. Sobald du dies jedoch einige Zeit gemacht hast, wirst du in der Lage sein, nach Belieben in deinen inneren Körper einzutreten. Du wirst sitzen und mithilfe deiner Intention sofort im Körper sein. Und wenn du mit dieser Meditationspraxis weitermachst, wird eine Zeit kommen, wo du nicht einmal deinen Willen gebrauchen musst, um die Empfindung deines inneren Körpers zu spüren. Du wirst sie sozusagen „verkörpert" haben. So wirst du dieses Geschenk mit dir herumtragen können, wo immer du für den Rest deines Lebens hingehst. Es lohnt sich also, zusätzliche Zeit zu investieren, wenn du anfängst, die Innerbody-Meditation zu praktizieren. Vergleiche auch Anhang A.

S.: Ich habe die Energie in meinem inneren Körper gefühlt und konnte sie auch beobachten, wie sie sich von einem Ort zum anderen bewegte. Als ich mich wieder ausschließlich auf die Empfindung in meinem Körper fokussierte, hatte ich das Gefühl, dass ich eins wurde mit der Empfindung. Es gab keine Trennung.

L.: Wunderbar.

Die Innerbody-Meditation ist das Tor, um die Fülle des Bewusstseins im Körper zu öffnen und zu erfahren – das Bewusstsein, das du bist. Indem wir unsere Aufmerksamkeit auf den Atem richten, nehmen wir sie vom denkenden Verstand weg. Das geschieht auch, wenn wir unser Augenmerk auf die kribbelnde, elektrisierende Empfindung des inneren Körpers legen, sobald wir das Bewusstsein darin entfacht haben.

Wenn wir durch die Innerbody-Meditation in einen Zustand von Stille und Empfindung kommen, können wir uns auch des weiten Raums in uns gewahr werden. Wie beim äußeren Raum, der nicht leer ist, ist auch der Raum im inneren Körper mit Energie gefüllt. Wenn unsere Augen geschlossen sind, sehen wir eine Art körnigen Hintergrund, der Licht und Dunkelheit enthält. Schaue in diesen inneren Raum hinein, der keine Grenzen hat. Dein wahres Selbst hat ebenfalls keine Grenzen. Wenn du tief in die Innerbody-Meditation hineingehst, kann es so weit kommen, dass du über die Empfindung hinausgehst: Du wirst weder deinen äußeren noch deinen inneren Körper fühlen – sondern nur die Fülle deines Wesens, das nicht physisch und jenseits von Raum und Zeit ist. Dieser Zustand fühlt sich gleichzeitig leer und voll an. Genieße es, in deinem wahren Wesen zu ruhen.

Durch die Innerbody-Meditation öffnen wir uns auch dafür, die verschiedenen Zustände unseres Seins zu erfahren. Sie werden häufiger und nehmen an Intensität zu. Probiere die Innerbody-Meditation aus, und schaue, wie sich dein Leben und deine Lebenseinstellung verbessern.

Durch die Innerbody-Meditation lernen wir die Kraft des Bewusstseins kennen, das in uns ruht. Nach einer solchen Erfahrung ist es schwieriger, uns wieder als die verletzlichen Wesen zu sehen, die so vieles zu befürchten haben. Und ohne Angst zu haben, kann uns das Ego nicht in Geiselhaft nehmen.

Wir können jetzt also den Philosophen René Descartes aus dem 17. Jahrhundert auf den neuesten Stand bringen: Woher weiß ich, dass ich existiere? Nicht weil „ich denke, bin ich", sondern weil „ich mein Selbst *spüre*, bin ich".

9

PRÄSENZ

„Nur indem wir unser Gewahrsein in der lebendigen Empfindung unseres Körpers erden, dem ‚Ich bin', kann unsere echte Präsenz geweckt werden."

G. I. Gurdjieff

WAS IST PRÄSENZ?

Jetzt, wo du etwas über die Innerbody-Meditation erfahren und sie praktiziert hast, bist du darauf vorbereitet, zu verstehen, was Präsenz ist. Präsenz ist der Zustand, wenn du dich an den gefühlten inneren Bewusstseinskörper hältst und gleichzeitig mit den äußeren Sinnen in der Welt gegenwärtig bist. Wenn du das tust, bringst du Bewusstsein in alles, was du gerade erlebst. Gehe in einer unangenehmen Situation oder in einer Konfliktsituation direkt in deinen inneren Körper. Dann lass die Situation sich entfalten. Wenn wir aus der Präsenz kommen, können wir uns sicher sein, dass wir dadurch, dass wir unsere Aufmerksamkeit auf die äußere Situation richten, sie zum Besseren hin beeinflussen werden: Es wird – zumindest bis zu einem gewissen Grad – heilsam sein, die Situation verbessern und Konflikte lösen. Was für einen großen Schatz wir in uns haben! Er kann in gewisser Weise mit einem spirituellen inneren Zauberstab verglichen werden, auf den wir zurückgreifen und den wir nutzen können.

Doch warte nicht darauf, dass dich eine unangenehme intensive Erfahrung triggert, um in deinen Energiekörper zu gehen. Tue es, sooft du kannst, wenn du dich in Alltagsituationen befindest: zum Beispiel deine Einkäufe bezahlst, den Busfahrer grüßt oder mit der Bedienung im Restaurant sprichst. Wenn du es im Alltag tust, dann wird dies sozusagen deine „Präsenz-Muskulatur" aufbauen. Es wird zu deinem Weg werden, in der Welt zu sein. Dazu wird keine Intention notwendig sein, du wirst einfach das Bewusstsein der Liebe *sein*.

ÜBUNG

Wenn du das nächste Mal einer problematischen oder unangenehmen Situation oder Person begegnest, gehe sofort in die Präsenz und kommuniziere von diesem Energiefeld aus. Drehe mithilfe deiner Intention das Intensitätsrad der Schwingungsenergie hoch. Da ist kein Urteil, keine Reaktivität – nur erweiterte Präsenz. Beobachte, was passiert.

ÜBUNG

Wenn du das nächste Mal mit jemandem bei einem privaten Gespräch zusammensitzt, halte dich an den inneren Energiekörper. Sprich und höre vom vollständigen Gewahrsein des inneren Körpers, von der Präsenz aus. Hast du einen Unterschied festgestellt, wie die Unterhaltung verlaufen ist? Hast du „tiefer" gefühlt? Hast du eine stärkere Verbindung zu der Person bemerkt, mit der du gesprochen hast? Hast du einen Hinweis darauf bekommen, dass die andere Person gefühlt hat, dass in der Unterhaltung mit ihr dieses Mal etwas anders war?

***

Es wird erzählt, dass sich Mutter Teresa und ihre Missionarinnen der Nächstenliebe in der damals Kalkutta genannten indischen Stadt eines Morgens bei ihrem Besuch der ersten Klinik auf ihrer täglichen Runde verspätet hatten. Als die Gruppe von Ordensfrauen an jenem Morgen die Straßen von Kalkutta entlangeilte, blieb die Mutter plötzlich wie angewurzelt stehen. Sie drehte sich nach rechts und schaute auf einen Bordstein, auf dem sich bergeweise Müll befand. Sie ging zu dem Bordstein hinüber und bückte sich. Aus dem Müll holte sie ein weggeworfenes Frühgeborenes, das so klein war, dass sie es in der Fläche einer Hand halten konnte. Das Baby lag zusammengekauert in Embryonalhaltung da.

Diese Geschichte wird manchmal benutztt, um die Macht der einschließenden, bedingungslosen Liebe zu demonstrieren, die Mutter Teresa ausstrahlte, wo immer sie hinging. Ich gehe davon aus, dass man aus diesem Vorfall noch eine weitere wichtige Lektion lernen kann.

Die Praxis der Missionarinnen der Nächstenliebe bestand darin, zu Beginn eines jeden Tages zwei Stunden mit Gebet und Stille zu verbringen. An diesem Morgen hatten sie mehr Zeit damit verbracht als vorgegeben, was der Grund dafür war, dass sie verspätet waren. Hätte Mutter Teresa nicht so viel Zeit in Stille verbracht, hätte sie dann die innere Präsenz gehabt, um auf die winzige Manifestation von Präsenz am Straßenrand aufmerksam gemacht zu werden?

Und noch einmal, da sich unsere Quelle gleichmäßig auf alle erstreckt, wissen wir, dass dieselbe Präsenz in jedem ist, auch wenn noch nicht jeder mit ihr in Kontakt oder sich ihrer gewahr ist. Wenn wir aus der Präsenz leben, leben wir aus einem höheren Bewusstseinszustand. Deshalb sind wir mit der Präsenz in jedem und allem verbunden und können sie in allem und jedem fühlen. Wir erkennen den anderen als *unser Selbst*.

Wenn Menschen in einem Zustand von Präsenz zusammenkommen, ist Einssein da. Das ist die Bedeutung des Wortes „Namasté" in einer erweiterten Definition: „Ich ehre den Platz in dir, in dem das gesamte Universum wohnt. Ich ehre den Platz des Lichts, der Liebe, der Wahrheit, des Friedens und der Weisheit in dir. Ich ehre den Platz in dir, an dem, wenn wir beide dort sind, *wir beide eins sind.*"

Wenn nur ein oder zwei Menschen in einer Gruppe sind, die ihre Präsenz halten können, werden sie die ganze Gruppe beeinflussen. Das ist die Kraft eines authentischen spirituellen Lehrers. Spirituelle Lehrer kommen aus einer tiefen Quelle von Präsenz und laden andere ein, sich dort mit ihnen zu verbinden.

Wenn du einen echten spirituellen Lehrer triffst, kannst du seine Energie und seine kraftvolle Essenz *fühlen.* In seiner Gegenwart zu sein ist nicht nur erwünscht, sondern transformativ, weil unsere Essenz weiter erwacht, wenn sie in seine hineingezogen wird. Nicht nur die Worte, die ein authentischer spiritueller Lehrer verwendet, tragen Macht in sich, sondern vor allem seine Präsenz, die durch die Energie seiner Worte strömt. Deshalb können zwar viele mit Worten lehren, doch nur wenige lehren mit Worten, die die Wahrheit in dir entfachen.

Auf der kollektiven Ebene ist das wahrscheinlich der Grund, warum die Essenz derer, die als „groß im Geiste" angesehen werden, wenn sie dahinscheiden und ihre Form nicht länger bei uns ist, frei dafür wird, ihren vollen Ausdruck zu finden und von möglichst vielen aufgenommen zu werden, die energetisch damit in Resonanz gehen, ob sie nun zur Zeit ihres Dahinscheidens lebendig waren oder in nachfolgenden Generationen geboren wurden – und vielleicht auch Tausende von Jahren danach.

Es ist seltsam, dass das, was eine Person wirklich ausmacht, häufig eine größere Wirkung auf andere entfaltet, wenn ihre Form gestorben ist. Es ist, als würde das Vehikel des Körpers das einschränken, wer sie in ihrem authentischsten, mächtigen Selbst waren.

Die Kraft der Präsenz in einem einzigen Individuum lässt sich an Hermann Hesses Erzählung *Die Morgenlandfahrt* ablesen. Es ist die Geschichte mehrerer Individuen, die sich in einer provisorischen Gemeinschaft zusammenfinden, um eine Pilgerreise zu unternehmen.

Ihr Ziel wird von Hesse absichtlich nicht erwähnt, da er es im Hinblick auf den Fokus der Geschichte als nicht so wichtig ansieht. Zu Anfang läuft alles glatt. Die Pilger kommen miteinander aus und legen jeden Tag eine gute Wegstrecke zurück.

Der Leser wird bald mit einem einfachen, ruhigen, glücklichen und ungekünstelten Kerl namens Leo bekannt gemacht, der immer zur richtigen Zeit zur Stelle ist und fröhlich aushilft, so gut er kann. An Leo ist etwas so Angenehmes und Einladendes, dass jeder seine Gegenwart liebt. Dann verschwindet Leo eines Tages plötzlich ohne Erklärung. „Wo ist Leo hingegangen?" lautet die brennende Frage. „Und wie konnte er weggehen, ohne es uns zu sagen?" Ein Suchtrupp wird gebildet, der versuchen soll, ihn zu finden, jedoch ohne Erfolg.

Nachdem Leo verschwunden ist, sind die Beziehungen zwischen den Pilgern angespannt. Es kommt zu Gezänk und Streitereien, die noch an Intensität zunehmen. Der Erzähler, von dem der Leser annimmt, dass es Hesse selbst ist, verliert bald das Interesse an der Pilgerreise und an seiner Suche. Er verlässt die Gruppe, ist jedoch der fixen Idee verfallen, mehr über Leo und den Grund seiner plötzlichen Abreise erfahren zu wollen.

Das führt ihn auf seine eigene Reise, eine Einzel-Pilgerreise, während der er, unabhängig davon, welchen Ort er besucht, immer auf der Suche nach Leo ist und nie die Hoffnung aufgibt, dass sie sich eines Tages wiedertreffen werden.

Es gehen einige Jahre ins Land, bevor er über einen Hinweis stolpert: den Namen Andreas Leo, den ihm eine Person genannt hat, die ihm bei seinen Recherchen zu einem Projekt hilft. Der Erzähler begibt sich auf die Suche, um herauszufinden, ob das tatsächlich der Leo sein könnte, den er die ganze Zeit gesucht hat. Als er Andreas Leo ausfindig macht, hält er ihn auf der Straße an und sie unterhalten sich. Ja, das ist der Leo, der die Pilgergruppe vor so vielen Jahren verlassen hat, aber er erkennt den Erzähler nicht. Leo muss zurück zu seiner Arbeit und die beiden trennen sich. Erst später findet der Erzähler heraus, dass der unprätentiöse Leo in Wirklichkeit Vorsitzender des Bündnisses ist, das die Pilgerreise finanziell gefördert hat.

Wie die Pilger selbst wird sich auch der Leser bewusst, dass es in Leo etwas Besonderes gibt, das einen sehr positiven Einfluss auf andere hat – die Fähigkeit, ganz unterschiedliche Menschen für einen gemeinsamen Zweck zusammenzubringen. In *Servant Leadership* schreibt Robert Greenleaf Leos positiven Einfluss auf andere der Tatsache zu, dass er eine dienende Rolle in der Gruppe gespielt hat. Die Entwicklung unseres Bewusstseins sagt uns jetzt, dass „jenes ganz besondere Etwas" in Leo außerdem seine Präsenz war. Er strahlte ein starkes Feld von Präsenz aus und brachte so dieselbe Präsenz auch in den anderen Pilgern zum Vorschein.

Ich habe diese Geschichte schon mehrmals geteilt, wenn ich Vorträge gehalten habe, und die Teilnehmer ermutigt, den Workshop als Leos zu verlassen und ihre heilende Präsenz in die Welt hinauszutragen.

Diese kraftvolle Aura von Präsenz ist im Osten als „Buddhafeld" bezeichnet worden. Aber wir müssen nicht darauf warten, dass wir einen Lehrer finden, um aus diesem Feld Nutzen zu ziehen. Wir müssen lediglich unsere eigene innere Präsenz erkennen und kultivieren und dann diese Präsenz in der Welt *sein*.

Bringe Präsenz in deinen Alltag. Dir steht ein wichtiges Treffen bevor; eine wichtige Entscheidung muss bald getroffen werden; du fühlst dich zittrig, nachdem dich eine Krise getroffen hat; es ist unerwartet eine Situation eingetreten und du weißt nicht, wie du darauf reagieren sollst. Gehe in deinen Körper und fache die Bewusstseinsenergie darin an, sodass du aus einem Zustand von Präsenz kommst.

10

DIE SCHÄTZE IN UNSEREM KÖRPER

„In deinem Körper ist ein Schrein.
In dem Schrein ist die Lotosblüte.
In der Lotosblüte ist ein winziger Raum.
In diesem winzigen Raum lebt der Schöpfer.
In dem Schöpfer ist das Universum.
Finde es und du wirst eins mit dem Schöpfer und mit allen Dingen sein.
Sei da, und alle Dinge und der Schöpfer werden eins mit dir sein."

Eine Passage aus den *Upanishaden,* den Heiligen Schriften Indiens

Man hat uns gesagt, unsere wahren Schätze würden in uns verborgen liegen. Viele von uns suchen ständig nach ihnen, finden sie aber nicht. Ist der Grund der, dass man uns nie gezeigt hat, WIE wir suchen sollen?

Lasst uns unseren Körper erforschen.

Wie bereits erwähnt, wird es uns widersprüchlich erscheinen, zunächst zu hören, dass wir nicht unser Körper sind, aber dann zu sagen, dass das im Körper befindliche Bewusstsein der Zugang ist, um herauszufinden, wer wir wirklich sind. Stell dir vor: Wir leben seit unserer Geburt in dieser physischen Form, doch zum größten Teil haben wir die Schätze in ihr nicht erforscht.

Unsere fünf physischen Sinne dienen als Instrumente für unsere Erfahrungen, denn sie übermitteln uns Informationen aus unserem Umfeld. So kostbar und notwendig sie auch sind, ziehen sie uns doch wie Magnete in die äußere Welt hinein. Wie erwähnt, hat unser Sehsinn die größte Fähigkeit, dies zu tun. Deshalb schließen wir gewöhnlich die Augen, wenn wir nach innen gehen, um zu meditieren oder zu beten. Und das ist auch der Grund, warum wir sie schließen, wenn wir aufmerksam schöner Musik lauschen. Zudem bedecken wir oft die Augen mit den Händen, wenn es im Fernsehen, im Kino oder im realen Leben Dinge gibt, die wir nicht aufnehmen wollen.

Unsere äußeren Sinne können uns täuschen, wenn sie uns zu der Überzeugung bringen, die äußere Welt sei das einzig Wichtige oder Allerwichtigste, und wir nicht begreifen, dass das Äußere eine Schöpfung unseres Bewusstseinszustands ist. Wenn wir unsere Lebenserfahrungen verändern möchten, müssen wir nach innen gehen, wo wir dann ihre Ursache finden werden. Unsere Erfahrungen werden immer von innen nach außen erschaffen. Selbst das, was wir mit unseren äußeren Sinnen wahrnehmen, kommt aus dem inneren Gewahrsein, das wir zu einer bestimmten Zeit hatten.

UNSERE NICHT PHYSISCHEN SINNE

Über unsere physischen Sinne hinaus haben wir nicht physische, innere Sinne, die zu einer höheren Bewusstseinsordnung, einer höheren Ordnung des Wissens gehören. Emanuel Swedenborg nannte sie unsere spirituellen Sinne.[17]

- Hören – sich der höheren Wahrheit oder tief empfundener Aufrichtigkeit gewahr werden. „Ich höre dich."
- Sehen – etwas verstehen, was du vorher nicht verstanden hast. Spirituelle Einsicht. Jene „Aha-Erfahrung." – „Ich verstehe *(I see)*."
- Berührung – eine innige Erfahrung machen, tief bewegt beziehungsweise dankbar sein. „Ich bin berührt."
- Geruch – wenn du dich fragst, ob die Milch im Kühlschrank noch frisch genug ist, um trinkbar zu sein, dann nimmst du sie heraus und riechst an ihr. Bevor du sie schmeckst, riechst du sie normalerweise. Ist sie schlecht oder nicht? Desgleichen kannst du mithilfe deines inneren Geruchssinns feststellen, ob eine bestimmte Person jemand ist, mit dem du Zeit verbringen oder von dem du dich wegbewegen möchtest, oder ob du eine Situation annehmen oder den Ausgang finden sollst – und zwar schnell. Wenn du zum Beispiel mit einer wirklich liebevollen Person zusammen bist, dann „riecht" sie gut.
- Geschmack – lässt uns wissen, ob etwas gut ist, ob es sich richtig beziehungsweise wahr anfühlt. Wenn du Freude am Lernen hast, dann schmeckt es gut. Spirituelle Wahrheit schmeckt gut.

---

17 Vgl. Sensing Your Spirit body - Swedenborg and Life – YouTube. Vergleiche auch Emanuel Swedenborg, Secrets of Heaven, Band 1 und 2, New Century Edition, übers. Lisa Hyatt Cooper, West Chester, PA: Swedenborg Foundation, 2008, 10199.

Vielleicht hast du schon oft jemanden, insbesondere ein Kind, gefragt, woher er oder sie etwas weiß. „Woher weißt du das?" Sie antworten dann oft: „Ich weiß nicht. Ich weiß es einfach." Wenn wir etwas durch unsere nicht physischen Sinne erfahren, dann geht damit ein Gefühl von Gewissheit einher.

Unser Bewusstsein zu einem bestimmten Zeitpunkt hat Einfluss auf das, was wir sehen und verstehen. Die meisten von uns haben die Erfahrung gemacht, dass wir ein Buch, insbesondere ein spirituelles Buch, nach ungefähr einem Jahr wieder lesen. Beim zweiten Mal sehen und verstehen wir wesentlich mehr. Das Buch hat jetzt eine größere Tiefe für uns. Die Wörter im Buch sind dieselben geblieben, doch unsere Bewusstseinsebene hat sich zwischen der ersten und zweiten Lektüre verändert.

Wenn wir durchs Leben steuern und nur unsere äußeren Sinne, Logik und weltlichen Erfahrungen nutzen, erleben wir die Dinge nicht im Innern, das heißt so, wie sie auf einer subtileren Bewusstseinsebene wirklich sind. Indem wir die spirituelle, immaterielle Innenwelt ignorieren, versäumen wir es, die lenkende Kraft der Intelligenz in uns zu erfahren, die unserem Leben enorme Sicherheit und Bedeutung verleiht.

Wenn wir spirituell wachsen wollen, wird es uns zugutekommen, wenn wir aufmerksam verfolgen, was uns unsere nicht physischen Sinne mitzuteilen haben. Sie sind daran beteiligt, dass wir Intuition, Präkognition, Einsichten und kreative Ideen entwickeln.

DER ZAUBERSTAB DES BEWUSSTSEINS

Joseph McMoneagle erzählt in seinem autobiographischen Bericht *Mind Trek: Autobiographie eines PSI-Agenten*, wie sein inneres Wissen „aus dem Bauch heraus", wie er es nennt, ihn während seiner Zeit im Vietnamkrieg vor dem Tod bewahrte.

In dieser Zeit großer Gefahr, als jede Zelle seines Körpers in voller Alarmbereitschaft sein musste, wurde er gezwungen, in das Gewahrsein des gegenwärtigen Moments zu kommen. Hier vernahm er die unstrittige Führung seiner nicht physischen Sinne. Er schreibt:

> „Wesentlich an meiner Zeit in Vietnam ist, wie ich dazu kam, mich auf mein Bauchgefühl oder intuitives Wesen zu verlassen. Oft wusste ich instinktiv, dass ich nicht sicher war oder mich irgendwie in Gefahr befand. Die kleine Stimme in meinem Bauch wurde noch viel lauter und ich lauschte ihr. Innerhalb und außerhalb des Stützpunkts hörte ich immer auf meine innere Stimme, tat, was sie vorschlug, ohne es zu hinterfragen. Wenn ich den Drang verspürte, in einen Bunker zu gehen, tat ich es sofort. Wenn mir mein Bauchgefühl sagte, ich solle in Richtung A statt in Richtung B gehen, machte ich das. Einmal ließ ich auf den Rat meiner inneren Stimme einen Jeep zurück und ging zu Fuß zurück zum Stützpunkt. Sehr zum Ärger meines Hauptfeldwebels tauchte der Jeep nie wieder auf.
>
> Während ich eines Nachts auf einem Horchposten in der Nähe einer kleinen Einheit außerhalb von Tay Ninh saß, verspürte ich einen schrecklichen Drang, mich zu bewegen. Die kleine Stimme in meinem Bauch sagte mir, ich solle möglichst weit weg von dort sein. Es war schwierig, sich zu bewegen, weil es stockdunkel war – die Art von Dunkelheit, in der man nicht die Hand vor Augen sehen kann. Ich musste die beiden anderen, die dort waren, überzeugen, dass es das Richtige war. Es dauerte fast eine Stunde, doch wir verlagerten unsere ursprüngliche Position um etwa sechzig Meter nach Westen. Um circa vier Uhr morgens hörten wir, wie eine Reihe von Granaten in dem Bereich losging, den wir vorher besetzt hatten.“[18]

---

18 Joseph McMoneagle, Mind Trek: Autobiographie eines PSI-Agenten, Omega Verlag 2000.

An diesem Bericht ist augenfällig, dass McMoneagle seine inneren Sinne weder bezweifelte, infrage stellte, noch sie im Nachhinein kritisierte – was ein Hinweis darauf ist, dass er bereits eine vertrauensvolle Beziehung zu ihnen aufgebaut hatte. Seine Erfahrungen mit der erlösenden Kraft seines inneren Wissens ermutigen uns, nicht darauf zu warten, dass wir extremer persönlicher Gefahr ausgesetzt sind, um diese inneren Sinne zu entwickeln, die bis jetzt entweder latent geblieben sind oder nur teilweise mit uns kommuniziert haben. Sobald wir die selbst auferlegten Beschränkungen des Verstandesdenkens abwerfen, können wir auf diese höheren Ebenen des Wissens zugreifen.

DIE INTELLIGENZ DES MENSCHLICHEN HERZENS

Das Herz ist das erste Organ, das sich im Körper bildet. Auch wenn es fast 7000 Liter Blut pro Tag pumpt, ist es nicht nur eine Pumpe, sondern weitaus mehr.

Wenn wir davon sprechen, dass jemand intelligent ist, beziehen wir uns normalerweise auf das Wissensniveau, das er oder sie mithilfe des rationalen Denkens zum Ausdruck bringt. Doch was ist mit der Weisheit des Herzens? Der Körper ist elektromagnetisch. Deshalb können wir ohne Wasser als Leiter nicht lange überleben. Das Herz ist die stärkste elektromagnetische Kraft im Körper. In elektrischer Hinsicht ist es 70- bis 100-mal stärker und in magnetischer bis zu 5000-mal stärker als das Gehirn.[19] Das Herz mit seinen nahezu 40.000 Neuronen hat gewissermaßen sein eigenes „Gehirnsystem", auch wenn es keine Gehirnzellen enthält. Du kannst mit deinem Herzen *wissen*.

---

[19] Dr. Joy Martina, Why Science is Calling the Heart Your Second Brain. Vgl. die Website christallin.com> science-calling-heart-second-brain

Das Herz hat ein Gedächtnis. Noch lange, nachdem wir etwas vergessen haben, hält das Herz das Gefühl im Zusammenhang mit dieser Person oder diesem Vorfall aufrecht. Bei Herztransplantationen ist es vorgekommen, dass die Empfänger einige der Charaktermerkmale, Gewohnheiten und sogar Geschmacksvorlieben und Begierden ihrer Spender angenommen haben.

Das Herz schickt Signale ans Gehirn und umgekehrt, doch Letzteres empfängt weniger Signale als das Herz. Das Herz signalisiert dem Gehirn, welche Arten von Hormonen und Chemikalien im Körper freigesetzt werden sollten. Wenn wir über das Herz auf Intelligenz oder das nicht denkende Gewahrsein zugreifen, dann schickt es ein Signal ans Gehirn, dass es diese interpretieren soll. Unsere Gedanken mögen häufig umherschweifen, doch ein gesundes Herz ist immer wachsam.

Unsere Emotionen und Gefühle beeinflussen das elektromagnetische Feld um das Herz herum, und dieses Feld beeinflusst das, was um uns herum ist – Individuen, Pflanzen, Tiere und sogar Maschinen. Wenn wir von unserem Herzen ausgehen, wenn wir aus der Liebe kommen, dann verbinden wir uns mit einem oder mehreren Menschen, und wenn wir ihnen körperlich nahe sind – das heißt in einem Radius von 1,50 bis 2,40 Metern nach allen Richtungen –, haben wir sogar einen positiven Einfluss auf *ihr* elektromagnetisches Feld.[20]

Das Herz fungiert sogar als Hormondrüse, die Oxytocin, das Hormon der Liebe, ausschüttet. Diese Drüse ist besonders aktiv, wenn eine Mutter ein Kind zur Welt bringt.

Das Heart-Math-Institut setzt seine bahnbrechenden Forschungen über die Rolle der Intelligenz und die Kraft des Herzens fort. Wenn unser Geist und unser Herz vereint sind, dann funktionieren sie

20 Ebd.

optimal zusammen. Dann sagt man, dass sie im Einklang miteinander seien. Dieser Einklang bedeutet, dass ein ausgedehntes neuronales Netzwerk am Werk ist. Wenn wir die Signale harmonisieren, die das Herz mit unseren Gehirnwellen abgibt, dann erzeugen wir positive, heilende Emotionen wie Wertschätzung und Mitgefühl. Es wird ein Gefühl von Ruhe und Sicherheit geweckt, das die Kampf- oder Fluchtreaktion auflöst, wenn wir unter Druck stehen.

Wir können sehr schnell Herz-Gehirn-Kohärenz schaffen.[21]

ÜBUNG

Stelle Herz-Gehirn-Kohärenz her, indem du die rechte Hand auf deinen Herzbereich legst und so deine unmittelbare Aufmerksamkeit auf diesen Bereich richtest. Verlangsame deine Atmung. Wenn du langsam atmest, dann signalisierst du deinem gesamten Körper, dass du in Sicherheit bist. Dein Körper wiederum lädt dich ein, nach innen zu gehen. Atme so, als würde dein Atem in dein Herz hinein- und aus ihm herausströmen.

Fülle dein Herz mit einer positiven Emotion wie Liebe, Dankbarkeit oder Mitgefühl für dich selbst oder jemand anderen an. Aktiviere die volle Energie dieses Gefühls. Nimm dieses Gefühl an und intensiviere es. Halte an diesem Gefühl fest. Je länger du dies tun kannst, umso stärker ist die Kommunikation und Kohärenz zwischen deinem Herzen und deinem Gehirn.

***

Menschen sind sich heute der Rolle, die das Herz bei der Förderung des Einheitsbewusstseins spielt, stärker bewusst, da es Liebe ausstrahlt, die sich mit anderen Menschen und allen Lebewesen verbindet. Der denkende Verstand, der eng mit dem Ego verbunden ist, sieht nur Trennung. Ist das der Grund, warum sich jetzt viele davon

---

21 The Quick Coherence Technique for Adults, HeartMath Institute. Vgl. https:www.heartmath.org/resources/heartmath-tools/quick-coherence-technique-for-adults

angezogen fühlen, die Macht und Weisheit des Herzens zu erkennen – weil das Herz durch realisiertes Einssein zur Weiterentwicklung führt, der beschränkte Verstand und sein starker Begleiter, das Ego, jedoch zu Trennungsdenken führen und daher die Übertragung gefährden?

DIE INTELLIGENZ DES BEWUSSTSEINS IM GESAMTEN KÖRPER

Inzwischen gibt es Belege dafür, dass der Solarplexus ein wesentlicher Teil unseres Nervensystems ist. De facto agiert er wie ein weiteres Gehirn im Körper.[22]

Im Solarplexus befindet sich ein komplexes Nervengeflecht. Genau wie das Herz empfängt und überträgt es Nervenimpulse ans Gehirn – und vielleicht auch an das Herz. Letzteres muss noch bestätigt werden. Einige haben es unser „fühlendes Gehirn" genannt. Wir alle haben jenes starke Bauchgefühl, das uns irgendwie lenkt oder informiert. Ob wir seinen Aufforderungen und seiner Weisheit folgen, liegt an uns.

Es ist interessant, dass das Herz und der Solarplexus auch zwei der sieben Hauptchakren des Körpers sind. Eines Tages werden wir vielleicht feststellen, dass alle sieben Hauptchakren ihr eigenes zielgerichtetes Wissen, ihre eigene Intelligenz haben. Wenn das stimmt, was ist dann mit den etwa 20 weniger dominanten Chakren im Körper?

Von den etwa 70-100 Billionen Körperzellen gibt jede ein biophotonisches Licht ab, das eine so geringe Dichte hat, dass es mit dem menschlichen Auge nicht zu erkennen ist. Trotzdem ist das Licht da und strahlt aus jeder lebendigen Zelle. Wie bereits erwähnt, hat jede

---

22 The Three Brains: How to Awaken Your 3 Intelligence Centers. Siehe calmwithyoga.com

Zelle in unserem Körper eine spezifische Funktion, anderen Zellen zu dienen und von ihnen bedient zu werden. In jeder Zelle muss eine beträchtliche Intelligenz vorhanden sein, um einen solchen Prozess zu lenken und sicherzustellen.

Um noch einmal auf die bereits erwähnten Sri Aurobindo, Teilhard de Chardin und Apostel Paulus zurückzukommen: Jeder von ihnen betrachtete den Körper als Brücke zu einem höheren Bewusstsein. Sri Aurobindo sah die Menschheit als im Übergangszustand befindlich an – in einem vorübergehenden Zustand, der abgelöst werden würde, weil der Körper schließlich von den Illusionen und der Unterdrückung durch den ego-gesteuerten Verstand befreit werden würde. Er stellte sich vor, dass spirituelles Licht die Zellen des Körpers anfüllen und zur spirituellen Verwirklichung beitragen würde. Sri Aurobindo fühlte eine gesteigerte Form von Bewusstsein, die, wenn eine ausreichende Anzahl von Menschen sie verkörperte, eine „Ansteckung des Bewusstseins" bewirken würde, die sich in der gesamten Menschheit verbreiten würde. Der Heilige Paulus nannte diesen Evolutionssprung „Wiederauferstehung". Wenn Individuen anfangen, in den Körper hineinzuschauen und das Bewusstsein in ihm zu entfachen, das vorher hauptsächlich inaktiv geblieben war, dann werden wir, so der Heilige Paulus, ein Erwachen und eine allmähliche Wiederauferstehung des Körpers ins Licht erleben.

11

DIE WEITERE ERFORSCHUNG DER INTELLIGENZ IM KÖRPER

In der geführten Meditationspraxis, die in Kapitel 8 vorgestellt wurde, haben wir mit dem Bewusstsein gearbeitet, das im inneren Energiekörper gehalten wird. Lasst uns jetzt unsere Aufmerksamkeit darauf richten, die Energie im feinstofflichen oder nicht physischen Körper zu wecken, in dem wir verschiedene Aspekte des höheren Bewusstseins erfahren.

DIE CHAKREN

Chakren sind konzentrierte Energiezentren des feinstofflichen, nicht physischen Körpers. Der feinstoffliche Körper ist eng mit dem physischen verbunden und umgekehrt.

Alles in allem gibt es sieben Hauptchakren im feinstofflichen Körper, daneben noch 20 weitere Nebenchakren, die den Fluss von Lebensenergie im Körper regeln. Diese befinden sich im Körper, sind aber nicht physisch; es sind Energiezentren. Wenn die Chakren sich drehen, dann ziehen sie Energie aus der universellen Lebenskraft an. Sie sind die Empfänger und Sender der feinstofflichen, subtileren Bewusstseinsenergie, der universellen Lebenskraft.

Da die meisten Leser und Leserinnen dieses Buch bereits mit den sieben Hauptchakren vertraut sind, werde ich hier nicht ins Detail gehen. Diejenigen, die es nicht sind, können sofortige und längere Informationen über sie in anderen Büchern oder im Internet finden.

Jedes der sieben Hauptchakren ist mit einer oder mehreren endokrinen Drüsen verbunden, die Hormone direkt ins Blut abgeben. Im alten Indien wusste man das nicht. Jetzt haben es das moderne Indien und die Metaphysik, die Medizin und die Naturwissenschaften herausgefunden. Die Chakren verarbeiten die feinstoffliche Bewusstseinsenergie und leiten diese dann zu den endokrinen Drüsen und dem Nervensystem weiter und von da aus in spezifische Bereiche unseres physischen Körpers. Alle Chakren und endokrinen Drüsen sind wichtig für die allgemeine Gesundheit, das Wohlbefinden des Einzelnen und die Entwicklung des menschlichen Bewusstseins.

„Chakra" bedeutet Rad. Jedes der sieben Hauptchakren hat die Form eines Kegels und dreht sich im Uhrzeigersinn. Die breite Öffnung befindet sich auf der Vorderseite des Körpers und die kleinere Öffnung auf der Rückseite. Wenn ein Chakra gesund ist, ist es nicht blockiert. Es dreht sich gleichmäßig und hilft uns, spirituell, emotional, physisch und mental gesund zu bleiben. Da die Chakren als harmonisches System zusammenarbeiten, kann eine Blockade in einem Chakra auch die anderen aus dem Gleichgewicht bringen. Ist eines aus dem Gleichgewicht, dann dreht es sich langsam und die Energie, die es abgibt, um dem Körper zu dienen, ist geschwächt. Wenn sich ein oder mehrere Chakren langsamer drehen, in der Regel aufgrund von ständigen täglichen Belastungen des physischen, des Mental- und Emotionalkörpers, dann zeigt dies eine Behinderung des Energieflusses an, die zu einem Ungleichgewicht oder einer Krankheit führen können. Die letzte Verteidigungslinie ist der physische Körper; wir möchten also jedes Ungleichgewicht korrigieren, bevor es zu einem physischen Leiden wird.

ÜBUNG

Die folgende Übung ist eine Möglichkeit, um deine sieben Hauptchakren auszubalancieren. Du kannst diese Samenlaute (auf Sanskrit Bijas) für dich in Stille äußern oder laut ertönen lassen. Wenn du in einer Situation bist, wo du sie laut ertönen lassen kannst, dann ist das empfehlenswert, da die Energie des verbalen Tönens stärker ist. Wenn du auf meine Website, www.constancekellough.com, gehst, dann kannst du diese Samenlaute auch mit mir zusammen ertönen lassen. Die beste Herangehensweise ist die, alle Chakren auszubalancieren, da wir nicht wissen, ob zum Beispiel eines aus dem Gleichgewicht ist und zu einer Schwächung der anderen führt.

***

DER CHAKREN-REINIGUNGSPROZESS

Dieser Prozess ist dem Werk *Health – It's All about Consciousness* von Ivan Rados entnommen.

Für diesen Prozess sollte unser Atem tief und voll sein. Wir atmen aus dem Bauch hoch bis zum oberen Brustkorb. Während wir die Töne chanten, sollten wir uns für die Resonanz der Stimme und die Schwingung im Körper an der Stelle öffnen, wo sich das jeweilige Chakra dreht. Es wird empfohlen, dass du zwischen dem Tönen jedes Chakras ein oder zwei Minuten lang in Stille verharrst.

Im Folgenden findest du die Liste der Keimsilben (Bija-Mantren), mit deren Hilfe du auf die elementaren Eigenschaften jedes Chakras zugreifen und diese anfachen kannst:

LAM FÜR DAS WURZELCHAKRA

Rolle deine Zungenspitze nach oben und hinten und lege sie an den hinteren Teil des oberen Gaumens, um einen Laut wie das Wort „Lama" ohne das „a" am Ende zu produzieren.

VAM FÜR DAS NABELCHAKRA

Lege die oberen Zähne auf den inneren Bereich deiner Unterlippe und beginne mit einem gehauchten Konsonanten, um das Geräusch eines schnell fahrenden Autos nachzuahmen.
Sprich das Mantra wie „fvam" aus.

RAM FÜR DAS SOLARPLEXUSCHAKRA

Lege deine Zungenspitze auf das Dach des vorderen Bereichs deines oberen Gaumens; rolle das „R" wie in dem Wort „Radio" und sprich Ram mit kurzem A aus.

YAM FÜR DAS HERZCHAKRA

Sprich den Laut wie die ersten drei Buchstaben des indischen Flusses „Jamuna" aus.

HAM FÜR DAS KEHLCHAKRA

Sprich das Wort „ham" wie in „Hamster" aus. Lass den Atem sich über die Auflösung des Konsonanten hinaus ausdehnen.

OM FÜR DAS DRITTE-AUGE-CHAKRA

Sprich den Laut wie ein kaum hörbares Flüstern aus und lass den Laut und den Atem im Schädelbereich schwingen.

AH FÜR DAS KRONENCHAKRA

Artikuliere das „ah", indem du einen Laut in der Nähe der Gaumenrückseite produzierst.[23]

Alles ist Schwingung, deshalb reagieren die Chakren, die Schwingungsformen sind, schnell auf die Schwingung unserer Stimme.

---

[23] Ivan Rados, Health – It's All About Consciousness, Vancouver, Kanada: Namaste Publishing, 2009, S. 154 f.

DER AURAKÖRPER

Wir haben einen Aurakörper (manchmal auch Ätherkörper bzw. Ätherleib genannt), der aus sieben Schichten besteht, eine Schicht für jedes der sieben Hauptchakren. Jede Aura-Ebene wird durch ein spezifisches Chakra gelenkt, doch alle Chakren beeinflussen jede Schicht. Die Chakren aktivieren den Aurakörper und regulieren den Energiefluss zwischen seinen Schichten. Traditionsgemäß wurde uns gesagt, dass unsere Aura unseren physischen Körper umgebe und sich 5 bis 90 cm darüber hinaus erstrecke. Doch jetzt ist man anhand physikalischer Prinzipien zu der Erkenntnis gekommen, dass alle Energiefelder grenzenlos sind, was bedeutet, dass sich unsere Aura, ein biomagnetisches menschliches Energiefeld, bis ins Unendliche erstrecken kann.[24]

Ob es uns nun bewusst oder unbewusst geschieht, wir können die Aura einer Person fühlen, wenn wir in ihrer Nähe sind. Einige Menschen besitzen die Gabe, Auren zu sehen. Manchmal kann eine Person, wenn sie mit einer anderen im Einklang ist, insbesondere durch Liebe, die Aura einer anderen fühlen, selbst wenn eine große Entfernung zwischen ihnen liegt.

INTELLIGENZ AUF DER ZELLULÄREN EBENE

Wir wissen jetzt, dass es schätzungsweise 70 bis 100 Billionen spezialisierte Zellen im Körper gibt – und jede arbeitet mit jeder anderen zusammen; jede dient der anderen und wird von jeder anderen bedient. Unsere Zellen sind rund um die Uhr im Einsatz und ruhen nie. Als physische Kommunikationseinheit hat sich die Zelle über fast vier Milliarden Jahre weiterentwickelt und markiert wahrscheinlich den Beginn der natürlichen Intelligenz.

---

[24] James L. Oschman, Energiemedizin: Konzepte und ihre wissenschaftliche Basis, Urban & Fischer Verlag/Elsevier GmbH 2009. Vgl. auch Cyndi Dale, A Complete Guide to the Human Energy Fields and Etheric Bodies, consciouslifestylemag.com

Ein zusammenhängendes Netz von ungefähr 70 bis 100 Billionen Zellen im Körper bedeutet, dass jede Zelle auf Veränderungen reagiert, ein Gedächtnis hat, spüren und entscheiden kann, wie sie funktionieren und agieren wird – was bedeutet, dass sie in der Lage ist, Probleme zu lösen. Zellen können andere Zellen erkennen, die genauso sind wie sie, und auch solche, die anders sind. Jede Zelle ist von einer Membran umgeben, die es ihr ermöglicht, zu sehen, zu hören, zu fühlen und chemische Botschaften zu interpretieren.[25] Zellen kommunizieren mit anderen Zellen, also haben sie eine Sprache. Sie besitzen eine Intelligenz, die sie befähigt, mit Molekülen und Genen zusammenzuarbeiten. Außerdem initiieren sie die Kommunikation von Zellen zu Molekülen zu Genen.[26]

Auch wenn Zellen mit anderen Zellen kommunizieren, ist noch nicht bekannt, wie sie untereinander kommunizieren. Man hat argumentiert, dass die Intelligenz der Zelle über herkömmliche Modellbildungen hinausgehe. Diese Art von Intelligenz ist bislang von der Wissenschaft noch nicht erkannt worden und kann nicht durch Computeranalysen erfasst werden.[27]

Auch wenn wir nicht wissen, wie wir mit Zellen in ihrer eigenen Sprache kommunizieren können, da sie lebendige, fühlende Körper sind, können wir ihnen unsere Liebe und Wertschätzung vermitteln, die sie auf der Schwingungsebene aufnehmen. Alle Lebensformen reagieren auf unsere liebevolle Aufmerksamkeit, auf Wertschätzung und Dankbarkeit. Nimm als Beispiele etwa unsere Pflanzen, unsere Haustiere, lebendige Bäume, Blumen oder andere Menschen.

---

25 Do Cells Have Intelligence? Vgl. www.basic.northwestern.edu.g-buehlerder Heiligen Schrift. Altes und Neues Testament (Lizenzausgabe für den Weltbild Verlag, Augsburg), Pattloch Verlag, München 1980.

26 Ebd.

27 Dr. Pradipta Gosh, Decoding Cellular Intelligence – Ted Talk, 4. Dezember 2018.

ÜBUNG

Gehe in den inneren Körper hinein. Aktiviere ihn. Nimm dir Zeit, um dich in Ruhe hinzusetzen und deinen Zellen deine Anerkennung und Dankbarkeit zu erweisen. Danke ihnen dafür, dass sie so Erstaunliches leisten, um dich am Leben zu halten, und dass sie so schwer für dein Wohlergehen arbeiten.

***

Die Quantenphysik, die sich mit Dingen auf der subatomaren Ebene beschäftigt, zeigt uns eine Welt, in der nichts von fester Beschaffenheit ist. Alles besteht aus elektromagnetischen Wellen unterschiedlicher Frequenzen. Auch wenn wir das Biophotonenfeld, das aus den Frequenzwellen gebildet wird, die jede Zelle abgibt, nicht sehen können, ist es da. Unsere Zellen sind mit Licht gefüllt, anders gesagt, wir sind Lichtkörper! Das Licht, auf das sich Sri Aurobindo, der Heilige Paulus und Teilhard de Chardin bezogen haben, ist real und bereits in uns, und es wartet, genau wie der innere Energiekörper, nur darauf, dass wir es anerkennen.

12

UNSER EINSSEIN UMARMEN

„Es läuft wirklich darauf hinaus: alles Leben
steht miteinander in Wechselbeziehung.
Wir alle sind in einem unentrinnbaren Netz
der Gegenseitigkeit gefangen,
in eine einzige Hülle des Schicksals gebunden.
Wir werden keinen Frieden auf Erden haben,
ehe wir diese gegenseitige Abhängigkeit allen Seins begreifen.“

Martin Luther King, jr. –
aus: „A Christmas Sermon on Peace and Nonviolence“, 1967

[unter dem Titel: „Friede auf Erden“ wieder veröffentlicht in: Martin Luther King: Schöpferischer Widerstand, Gütersloher Verlagshaus Mohn, Gütersloh 1985.]

WIR SIND UNS SO ÄHNLICH

Einzelne Menschen sind sich wirklich sehr ähnlich, aber gleichzeitig ist jeder Mensch ein einzigartiger Ausdruck unseres Einsseins. Die meisten von uns müssen, bevor sie in Betracht ziehen können, dass wir eins sind, erst einmal unsere Ähnlichkeiten anerkennen. Dr. David Berceli, einer der weltweit führenden Traumatologen, erinnert sich in seinem Werk *The Revolutionary Trauma Release Process* an eine seiner Erfahrungen, bei denen zwei Menschen begriffen, dass sie überhaupt nicht verschieden sind.

Berceli erzählt:

> „Ich wurde gebeten, in den Sudan zu fahren, um mit der muslimischen und christlichen Bevölkerung in der Stadt Khartum zu arbeiten. Die Einladung kam von einer gemeinnützigen Organisation. Ich sollte mit zwei Menschen arbeiten, die Mitleiter der Organisation waren.
>
> Zunächst erfuhr ich etwas über die Feindseligkeit zwischen den beiden Individuen, die typischerweise ihre Kultur widerspiegeln. ‚Wir erfahren eine Trennung, von der wir glauben, dass sie von unserer Kultur herrührt und nicht von uns individuell', sagte einer der Teilnehmer. ‚Auch wenn wir über diese Trennungen hinausgehen möchten, ist unsere Feindseligkeit so tief verwurzelt, dass wir nicht in der Lage zu sein scheinen, aus ihr herauszukommen.' – ‚Wenn es aus der Kultur kommt', erklärte ich, ‚braucht ihr eine gemeinsame Erfahrung, die euch eure Gemeinsamkeit als Menschen wieder bewusst macht.'
>
> Ich bot ihnen an, sie durch eine solche Erfahrung zu führen, und sie willigten ein, mitzumachen.
>
> ‚Wenn ihr euren Körper spürt, woher wisst ihr dann, dass ihr Feindseligkeit erlebt?', fragte ich. ‚Wie genau fühlt sich das an?' – ‚Ich habe ein Gefühl von Enge in der Brust und mein Atem geht flach, weil ich nicht entspannt bin', sagte einer der Teilnehmer. ‚Meine Schultern und mein Nacken sind verspannt und ich fühle sehr viel Angst im Körper, die ich nicht loslassen kann.' Der andere war schockiert, als er hörte, was sein Kollege erlebte. ‚Ich fühle genau dasselbe!', rief er aus.

‚Ihr habt eine gemeinsame Erfahrung, weil alle Menschen Trennung und Spaltung durch einen identischen körperlichen Vorgang fühlen', erklärte ich. ‚Ihr trennt euch beide von eurem Körper. Das könnt ihr ändern, indem ihr beide eine identische Körpererfahrung macht, die positiv ist.' Hier lud ich sie dann ein, den *Trauma Release Process*™ zu machen, den ich entwickelt hatte. Ich setzte sie so hin, dass sie sich gegenseitig sehen konnten, während sie die Übungen machten. Als beide zu zittern anfingen, nachdem sie einen Teil der Übungen gemacht hatten, wurde ihnen bewusst, dass ihre Körper auf dieselbe Weise reagierten.

‚Was passiert gerade in eurem Körper?', fragte ich. Der erste Mann sagte: ‚Ich kann fühlen, dass meine Beine von meinen Füßen bis hoch zu den Hüften vibrieren.' – ‚Erstaunlich!', sagte der zweite Mann. ‚Genau dasselbe passiert mir auch.' Dann beschrieb dieser zweite Mann eine andere Empfindung. ‚Ich bemerke, dass es in meinem Magen vibriert', sagte er. ‚Gleichzeitig fühle ich, wie sich mein Atem vertieft.' ‚Dasselbe spielt sich in mir ab', sagte der zweite Mann. ‚Ja, unsere Körper reagieren genau gleich', stimmte der andere zu.

In der Tat spiegelten diese beiden Männer einander. Ich ließ sie eine Weile gegen die Wand vibrieren, damit sie erleben konnten, wie ihre Körper miteinander agierten. ‚Eure Körper entladen die gleiche Spannung, wie ihr sie in eurer Arbeit miteinander erlebt habt', erklärte ich. ‚Mein Gott', riefen beide aus, ‚wir sind uns so ähnlich!'

Als ich ihnen zeigen konnte, dass sie einander ähnlich waren, löste das ihre Überzeugungen von ihrer Unterschiedlichkeit auf. Ihre Feindseligkeit war verschwunden, weil sie erkannten, dass sie einander im Grunde genommen sehr ähnlich waren.

Nachdem sie das Gefühl ihrer Gemeinsamkeit wiederhergestellt hatten, wies ich sie an, sich für die abschließende Übung auf den Boden zu legen. Das Vibrieren, das aus dieser Übung resultierte, rief so viel Gelächter bei beiden Männern hervor, dass sie schließlich tief aus dem Bauch heraus lachten. Als sie wieder standen, umarmten sie einander in dem Bewusstsein, dass keine Empfindung von Feindseligkeit mehr in ihrem Körper vorhanden war.

Es gab nichts durchzuarbeiten, es war keine tief greifende Analyse erforderlich. Sie mussten einfach das freisetzen, was durch ihre Kultur in sie hineingetragen worden war."[28]

SICH DURCH MITGEFÜHL VERBINDEN, NICHT DURCH ANGST

Erinnerst du dich an das Gefühl des Einsseins, das überall auf der Welt an dem Tag entstand, an dem die Zwillingstürme in New York einstürzten? Auf jedem Kontinent kamen Millionen Menschen in gemeinsamer Trauer zusammen. Sie spürten, dass das, was den Menschen in New York passierte, in gewisser Weise auch ihnen passierte. Die Anschläge vom 11. September erzeugten einen Ozean an Mitgefühl und gutem Willen gegenüber den Vereinigten Staaten.

Ein paar Tage nach den Anschlägen vom 11. September saß einer meiner Kollegen in dem Pendelzug, in dem er regelmäßig von New York nach Hause fuhr. Die Pendler waren tief in ihrer eigenen Welt versunken – sie lasen Zeitung, schrieben E-Mails auf ihren damals angesagten Blackberries, starrten aus dem Fenster oder nickten ein. Während der Himmel bedrohlich grau wurde, waren plötzlich laute bombenähnliche Geräusche zu hören. Nach dem Anschlag auf die Zwillingstürme schreckten die explosiven Laute jeden auf.

---

[28] Dr. David Berceli, The Revolutionary Trauma Release Process, Vancouver, Canada: Namaste Verlag, September 2008, S. 89–91.

Die Passagiere, die glaubten, sie seien das Ziel eines terroristischen Anschlags, waren sofort äußerst bestürzt. Menschen, die einander vollkommen fremd waren, wurden aus ihrer Isolation herausgerissen und gingen auf die Menschen in ihrer Nähe zu. Sie fragten sie, was gerade passierte, und beruhigten sich gegenseitig. Genau in dem Moment öffnete sich der Himmel, was anzeigte, dass die Donnergeräusche und der sich verdunkelnde Himmel auf ein bevorstehendes Gewitter zurückzuführen waren. So überstürzt, wie die Gespräche entstanden waren, hörten sie auch wieder auf, und die Pendler zogen sich abermals in ihre abgeschlossene Welt zurück. Mein Kollege sagte mir, wie traurig er gewesen sei, dass Menschen, wenn sie verängstigt waren, spontan aufeinander zugingen, ihre Präsenz jedoch genauso schnell wieder zurückzogen, wenn sie merkten, dass ihre Angst unbegründet war. Dann kam ihm der Gedanke, was wohl erforderlich wäre, um Menschen *ohne* den Katalysator der Angst zusammenzubringen.

Nimm zur Kenntnis, wie leicht wir uns mit einem anderen Menschen verbinden, wenn wir etwas finden, das wir beide lieben, sei es die Liebe zu einer Sportart, zu Kindern, zur Heimat, zum Golf oder zur Gartenarbeit. Dies zeigt auch, was wir auf kollektiver Ebene tun müssen, wenn wir über unsere Unterschiede hinausgehen wollen: herausfinden, was wir gemeinsam schätzen. Es könnte die Liebe zur Mutter Erde sein, die Unterstützung des weiblichen Prinzips, die Sorge für Kinder in Armut und die Unterdrückten, oder eine Kombination solcher menschlichen Werte. Ist das die Antwort, die mein Freund kurz nach den Anschlägen des 11. September auf der Zugfahrt von New York nach Hause suchte? War er sich nicht bewusst oder hatte er vergessen, dass viele Menschen *tatsächlich* aus Sorge um ihre Mitmenschen zusammenkommen, auch wenn sie sie nicht persönlich kennen?

BEWEISE FÜR DAS EINSSEIN

PERSÖNLICHE ERFAHRUNGEN

Das Einssein wird durch unsere persönlichen Erfahrungen eindrücklich unter Beweis gestellt. Es gibt zahlreiche Beispiele, die dies bestätigen, etwa dann, wenn eine Mutter intuitiv weiß, dass ihr Kind in Gefahr ist und sich dies dann als wahr herausstellt; oder die Gelegenheiten, bei denen du deinem Partner etwas Bestimmtes mitteilen wolltest und er sagt genau dasselbe, bevor du es tun kannst; die Male, bei denen du eine originelle Idee oder einen persönlichen, inspirierenden Durchbruch hattest, nur um dann festzustellen, dass ein enger Freund oder ein Zeitungsartikel dir dies am nächsten Tag widerspiegelt; die Gelegenheiten, bei denen das Telefon klingelt und du weißt, wer es ist, bevor du den Hörer abnimmst; oder wenn du in ein weit entferntes Land reist und in einem Restaurant deinen Nachbarn triffst, der am Nebentisch zu Abend isst. Tatsächlich sind viele Synchronizitäten und scheinbar unwahrscheinliche Zufälle Beweise dafür, dass wir eins sind.

Vielleicht erinnerst du dich an einen Nachmittag, an dem du grundlos besorgt warst, nur um dann einen Tag später herauszufinden, dass eine deiner engen Freundinnen in einen schweren Autounfall verwickelt war. Sobald wir eine Verbindung schaffen, insbesondere eine tiefe Verbindung zu einem oder mehreren anderen, ist es so, als wären wir danach auf der „Leiterplatte“ des Lebens verbunden.

Mitgefühl stellt unser Einssein unter Beweis. Nimm wahr, wie wir uns mit der Trauer eines anderen Menschen, von dem wir nur aus dem Fernsehen oder der Zeitung erfahren haben, verbinden und aufrichtig daran teilhaben können. Wenn wir mit einem bestimmten gesundheitlichen Problem zu kämpfen hatten, dann beobachte, wie nah wir uns denjenigen fühlen, die dasselbe erlebt haben.

Fühle, wie ein anderer Mensch deinen Energiekörper beeinflussen kann – wie er ihn auffüllen, ihn ausbalancieren, ihn erschöpfen oder ihm eine negative oder positive Energieladung geben kann. Wenn wir eine andere Person in einem Zustand der Präsenz begrüßen und diese auch aus der Präsenz kommt, dann können wir uns schnell mit der Präsenz in ihr verbinden.

Wenn sich zwei Menschen zum ersten Mal auf derselben Bewusstseinsebene verbinden, ist es deshalb so, als würden sie ihrem Selbst in dem anderen begegnen, und genau das tun sie auch. Ein solcher Mensch spricht nicht nur *mit* uns, sondern *für* uns, und wir für ihn. Behalte das im Gedächtnis, wenn du nach einem spirituellen Lehrer Ausschau hältst, sei es durch Bücher oder persönlich. Wenn du einen spirituellen Lehrer findest, der für dich spricht und das zum Ausdruck bringt, von dem du im Innern weißt, dass es wahr ist, dann hast du deinen Lehrer gefunden.

DIE NEUEN WISSENSCHAFTEN

Die Quantenwissenschaft zeigt uns jetzt eine Schöpfung, die übergangslos ist, was bedeutet, dass alles mit allem verbunden ist. Die relativ neuen Theorien der Verschränkung und der nicht lokalen Ursache zeigen, dass wir einander nicht einmal nahe sein müssen, um uns gegenseitig zu beeinflussen und voneinander beeinflusst zu werden. Wissenschaftler haben Belege dafür, dass dem so ist, aber sie wissen noch nicht, WIE das geschieht.

Auf der Quantenebene, auf der es um subatomare Teilchen geht, gibt es keine festen Grenzen zwischen irgendeiner der Formen, aus denen unsere Erfahrung besteht. Menschen, Gegenstände, Berge, Flüsse, Galaxien und sogar unsere Gedankenformen und Gefühle sind alle miteinander verbunden. Wie Wolken aus unsichtbarer Energie werden wir und alles aneinandergerieben, wir fließen ineinander, beeinflussen einander. Alles beeinflusst alles, ob wir es schon bewusst erkennen oder nicht.

Eine Zelle in deinem Magen kann andere Zellen in deinem Magen beeinträchtigen. Die Luftverschmutzung in einem Land kann die Wetterbedingungen in einem anderen beeinträchtigen. Wenn eine Person in Deutschland hustet, dann kann das zu einer Ansammlung von Krankheitserregern beitragen, die eine Erkältungswelle in Kanada auslösen.

Wenn zum Beispiel ein Mensch verhungert, dann erleben alle in geringem Umfang Schmerz und Traurigkeit. Ebenso trägt, wenn eine Person bewusster wird, dies dazu bei, das Bewusstsein anderer anzuheben.

EINSSEIN DURCH VERSCHIEDENHEIT, NICHT DURCH GLEICHHEIT

Wir sind durch die Verschiedenheit unserer einzigartigen Essenz in unserem Einssein schöpferisch tätig. Viele von uns haben Einssein mit Gleichheit verwechselt. Doch genau wie jede Schneeflocke einzigartig ist, aber aus derselben Substanz besteht, sind wir als Bewusstsein selbst einzigartige Aspekte der gesamten Schöpfung. Unser wahres Selbst ist unendlich vielfältig und du und ich sind seine Ausdrucksformen. Die Einzigartigkeit unseres individuellen Schöpfungsausdrucks, der sich verändert und weiterentwickelt, wird uns immer begleiten, genauso wie wir im Laufe unseres Lebens beobachten, dass wir uns in unserem Körper, unseren Überzeugungen und unserem Bewusstseinsgrad verändern und weiterentwickeln.

EIN SPRUNG IN DAS GLOBALE EINSSEIN

Sehr häufig wird die Art und Weise, wie wir dem Leben begegnen, vom Ego gesteuert. Wenn wir uns mit dem Ego als unserem vermeintlichen Wesenskern identifizieren, dann können wir unser Einssein mit dem Rest unserer Spezies, geschweige denn mit der gesamten Schöpfung, einfach nicht sehen. Wir erkennen nicht, dass wir alle aus derselben Quelle kommen, die den gesamten Kosmos durchdringt. Die Wissenschaft bringt jetzt unser Einssein ans Licht, und durch unsere Kommunikationstechnologien erhaschen wir nun weltweit einen Blick darauf. Auch wenn sich der vermehrte Kontakt, den wir durch die modernen Kommunikationstechnologien miteinander haben, bislang hauptsächlich an der Oberfläche abspielt und es ihm an tiefer Verbundenheit mangelt, sind die Weichen gestellt worden.

Die Dringlichkeit, von einer kollektiven Ego-Mentalität, die nur das „Ich" sieht, abzurücken und zu einer Mentalität des „Wir" zu kommen, ist offensichtlich, wenn wir uns einige der gegenwärtigen Herausforderungen der Menschheit ansehen: die globale Erwärmung, die Bedrohung durch großflächige Pandemien, der Terrorismus und die nukleare Aufrüstung. Diese Herausforderungen gehen über religiöse und nationale Grenzen hinaus, was die Zusammenarbeit von Individuen, Gemeinschaften, Nationen und Weltenlenkern erforderlich macht. Unsere gegenseitige Abhängigkeit lässt sich nicht länger leugnen. Interesse am anderen *ist* Eigeninteresse. Globales Interesse *ist* nationales Interesse.

Das Leben spricht häufig zu uns von unserem Einssein. Doch haben wir Augen, diese Hinweise zu sehen, sind wir dessen gewahr genug? Sobald wir uns einer Sache in unserem Leben bewusst werden, beginnen wir, häufige Hinweise darauf zu sehen. Nimm die Frau, die gerade schwanger geworden ist und dann fast überall andere

Schwangere sieht und sich wundert, vorher nie so viele bemerkt zu haben, oder den Mann, der sich ein neues Auto kauft und plötzlich ganz viele Autos auf den Straßen sieht, die genauso aussehen. Das liegt daran, dass das Gewahrsein durch persönliche Erfahrungen dazu neigt, wiederholte Beweise für das anzuziehen, was uns jetzt bewusst geworden ist. Wir sollten also den Beweisen für das Einssein in unserem Leben Aufmerksamkeit schenken und die wachsende Zahl von Ereignissen beachten, die sie bestätigen. Unabhängig davon, wie viel wir über das Einssein des wahren Selbst wissen, erst dann, wenn wir die Beweise für das Einssein am eigenen Leib *erfahren*, ist es kein Konzept mehr, sondern eine Realität für uns. In *Ein Kurs in Wundern* heißt es: „Eine universelle Theologie ist unmöglich, doch eine universelle Erfahrung ist nicht nur möglich, sondern notwendig."[29]

ÜBUNG

Nimm dir Zeit, zu beobachten, wie ähnlich du anderen bist, ganz gleich, ob es sich um Familienmitglieder, Arbeitskollegen oder Menschen handelt, die du für kurze Zeit oder nur gelegentlich triffst. Wenn du die Ähnlichkeit zwischen dir und anderen bemerkst, fühlst du dann eine stärkere Verbindung zu ihnen?

ÜBUNG

Nimm zur Kenntnis, wie oft du unverhofft auf eine andere Person triffst, auch wenn es keinen klaren Weg, keinen Grund oder eine klare Ursache gab, sie zu treffen. Konntest du einen Grund dafür erkennen, warum du dich überraschend mit dieser Person verbunden hast?

***

---

[29] Foundation for Inner Peace, Concordance of A Course in Miracles, c-in-2:5, New York: Penguin Group, 1997.

13

DIE WELT BRAUCHT ES, DASS DU IHR DIENST

„Ich schlief und träumte, das Leben sei Freude.
Ich erwachte und sah, das Leben war Pflicht.
Ich handelte, und siehe, die Pflicht war Freude."

Rabindranath Tagore

JEDER KANN DIENEN

Um zu dienen, braucht man weder viel Geld noch einen Hochschulabschluss, noch muss man jung sein. Alles, was du brauchst, ist Liebe im Herzen, die du deinen Brüdern und Schwestern geben möchtest, indem du Dinge, ganz gleich, wie klein diese sein mögen, mit der Absicht tust, sie auf irgendeine Weise zu unterstützen.

Viele, die regelmäßig meditieren, haben ein starkes Verlangen, anderen behilflich zu sein – vielleicht weil man durch Meditation dahin gelangt, seine Einheit mit allem, was lebt, zu spüren. Ob du nun meditierst oder nicht, die meisten Menschen, die die spirituelle Dimension in ihrem Leben entwickeln, möchten eine sinnvolle Arbeit tun, einen Sinn in ihrem Leben haben und wissen, dass sie dazu beitragen, das Leben derer, die sie lieben, und der Menschheit insgesamt besser zu machen, was auch immer sie als „besser“ ansehen. Die Heilige Hildegard von Bingen, die aufgrund von Depressionen zweimal ans Bett gefesselt war, holte sich aus diesem Zustand heraus, indem sie sich sagte: „Ich muss nützlich sein.“ Wenn wir uns das Leben von Dr. David Hawkins, Edgar Casey, Barry Long und Joel S. Goldsmith ansehen, die mittlerweile tot sind, und von Eckhart Tolle, der noch lebt – allesamt Menschen, die zu ihrer wahren Natur erwachten, als sie noch im Körper waren –, dann haben sie danach im Dienst an der Menschheit gelebt.

Ich werde häufig gefragt: „Was kann ich tun, um zu dienen? Ich möchte ein höheres Ziel in meinem Leben verfolgen.“ Meine unmittelbare Antwort ist immer dieselbe: „Frage dich, wie kann ich zu dieser Zeit am besten dienen?“ Frage dies mit tief empfundener Aufrichtigkeit und die Weisheit in dir wird antworten. Vielleicht kommt die Antwort nicht sofort, sondern in Etappen. Bleibe aufmerksam dafür, warum und wie das Leben, unser größter Lehrer, dich führt.

Viktor Frankl erzählt uns in seinem Klassiker *... trotzdem Ja zum Leben sagen: Ein Psychologe erlebt das Konzentrationslager*, dass ein Mann, der ein *Warum* hat, jedes *Wie* ertragen kann. Als Frankl Gefangener in Auschwitz und Dachau war, wurde er zu einem scharfen Beobachter seiner Mithäftlinge. Im Laufe der Zeit merkte er, dass es nicht unbedingt diejenigen waren, die körperlich stärker waren oder keine offensichtliche körperliche Krankheit hatten, die überlebten. Er sah genauso viele von ihnen sterben wie bei den Schwachen und Kranken. Frankl dachte darüber nach, warum dies so war. Er wurde sich rechtzeitig der Antwort bewusst. Gefangene, die etwas hatten, wofür sie lebten – eine Frau, eine Familie, ein Buch, das sie schreiben oder beenden wollten, eine sinnvolle Arbeit, die sie später wieder aufnehmen konnten, und so weiter –, überlebten am ehesten, weil ihr Leben einen Sinn hatte. Andere Gefangene, die niemanden hatten, zu dem sie zurückkehren konnten, und nichts anderes, was in ihrem Leben sinnvoll war, was sie noch tun oder erreichen wollten, waren die Ersten, die starben. Es fehlte ihnen an einem Grund, ihr zu jener Zeit grauenvolles Leben weiter zu ertragen, und sie hatten keinen Lebenswillen mehr.

Nachdem Frankl den Holocaust überlebt hatte, wurde er zum Begründer der Logotherapie. „Logos" ist das lateinische Wort für „Sinn" und die Logotherapie ist eine Form existenzieller Analyse.

Frankl hebt also hervor, dass es *an uns liegt*, unserem Leben einen Sinn und ein Ziel zu geben. Doch wenn man sich inmitten von Zerstörung, tiefem Schmerz und schwächendem Verlust befindet, ist es schwer, das zu tun. Genau dann müssen wir uns häufig an einen Therapeuten wenden.

Frankl, der Neurologe und Psychiater war, berichtete über seine klinische Praxis. Er erzählte von einem Fall, bei dem ein angesehener und erfolgreicher Mann zu ihm kam, weil er einen vollständigen emotionalen Zusammenbruch erlitten hatte. Er konnte den emotionalen Schmerz, die Lethargie und Langeweile nach dem Verlust seiner geliebten Ehefrau nicht abschütteln. Er war paralysiert in Bezug darauf, sich in der Welt zurechtzufinden und mit seiner Arbeit fortzufahren. Frankl hielt nur eine einzige Sitzung mit diesem Mann ab. Er fragte ihn: „Was würde Ihre Frau jetzt fühlen, wenn Sie zuerst gestorben wären?" Der Mann hielt inne, ging nach innen und entgegnete dann: „Nun, sie würde das durchmachen, was ich gerade durchmache." Der Mann brauchte nicht länger als einen Moment, um einen Sinn in seinem Leiden zu finden. Er sah sich an ihrer Stelle leiden. Er erholte sich schnell und ging dann in die Welt und zu seiner Arbeit zurück.

Ebenso obliegt es uns, unserem Leben Sinn und Bedeutung zu verleihen. Zu dienen gibt unserem Leben einen Sinn, doch der Zweck unseres Dienens kommt nicht von „da draußen". Er wird uns nie aufgezwungen.

DIE WIRKUNGEN DEINES DIENENS KÖNNEN NICHT GEMESSEN WERDEN

Deine Mission muss weder groß noch für andere erkennbar sein. Man hat mir von einer Frau namens Grace erzählt, die jeden Morgen in aller Frühe mit einem Lächeln auf den Lippen und federndem Gang zur Arbeit ging. Ihre Nachbarin beobachtete das jeden Tag und fasste eines Tages den Mut, sie zu fragen: „Was für eine Arbeit machen Sie? Sie müssen sie wirklich lieben."

„Oh ja, das tue ich", antwortete Grace. „Ich helfe, die Verbreitung von Infektionskrankheiten zu verhindern." – „Wirklich?", fragte ihre Nachbarin, „wie machen Sie das?" – „Ich arbeite in einer Fabrik, die Gummihandschuhe für Krankenhäuser und anderes medizinisches Personal und Pflegepersonal herstellt."

In meiner näheren Umgebung gab es einen Obdachlosen, der jede Nacht, während er die hinteren Gassen durchkämmte, Dinge sammelte, von denen er wusste, dass sie für andere wertvoll sein könnten. Statt sie dort zu lassen, brachte er sie zu einem leeren Eckgrundstück, auf dem sich eine Tankstelle befunden hatte, doch aus Sicherheitsgründen durfte das Grundstück für eine von der Regierung vorgeschriebene Anzahl von Jahren nicht benutzt werden. Um den Ort, zu dem der Zutritt verboten war, befand sich ein Drahtzaun, der dem Obdachlosen eine perfekte Struktur bot, um seine „Schätze" zu zeigen. Er lud andere ein, sie mitzunehmen, wenn sie sie brauchten. Im Laufe der Zeit brachten auch andere Dinge dorthin. Gebrauchte Möbel, ältere Fahrräder und so weiter wurden vor den Zaun gestellt. Fast neuwertige Kleidung wurde dort aufgehängt. Dieser anonyme Mann, der immer noch lebt, ist eine wahre Inspiration für unsere Gemeinschaft gewesen: anderen etwas zu geben, das wir im Überfluss haben.

DEN SINN DEINES DIENENS FINDEN

Wann wirst du dir des Sinns deines Dienens bewusst? Bevor du inkarnierst? Im Mutterleib? Nach einer fast tödlichen Krankheit, während einer Krise, nach einem großen Aha-Erlebnis? Es wird für jeden anders sein. Und entweder früher oder später in deinem Leben offensichtlich werden.

Ich kenne eine Frau, die wusste, dass ihr Lebenszweck darin bestand, eine gute Mutter zu sein. Durch harte Arbeit und unerschütterliche Willenskraft erzog sie acht Kinder, während sie gleichzeitig mit einem gewalttätigen Ehemann und quasi in Armut lebte. Alle bekamen nicht nur das „Brot", das sie ihnen geben konnte, sondern auch den „Honig" – indem sie ihnen beibrachte, wie man ein spirituelles Leben führt.

Die Form deines Dienens kann eines Tages plötzlich in dir wachgerufen werden, so wie es bei Mutter Teresa geschah:

Auf ihrem Heimweg von einem spirituellen Retreat saß Mutter Teresa in einem Bus, der durch die Stadt fuhr, die damals Kalkutta hieß. Davor hatte sie ein recht abgeschiedenes Leben geführt, isoliert von den indischen Massen. Es wird erzählt, dass sie an jenem Tag entschlossen war, die Gegend zu erkunden. Die Mutter war entsetzt über die Armut, Krankheit und Obdachlosigkeit, die sie sah. Als sie auf dem Rückweg im Bus saß, wurde ihr schwer ums Herz angesichts der benachteiligten Leute, die sie sah. Zu erkennen, wie groß und zahlreich ihre Probleme waren, bereitete ihr großen Kummer. Mit diesem Wissen fragte sie sich: „Aber was kann ich als Einzelne tun?" Diese Frage führte sie in die Stille, aus der ihre Antwort kam. „Du kannst versuchen, mit so vielen sterbenden Menschen zu sein, wie dir möglich ist, damit sie nicht allein sterben müssen." Wir kennen den Rest der Geschichte und wissen, dass ihr Dienen und ihre Taten einen ganzen Orden anderer Frauen anzog, die sich Missionarinnen der Nächstenliebe nannten, und wie sie uns alle beeinflusste, aktiv den weniger Glücklichen dienlich zu sein.

Wenn du den Sinn deines Dienens herausgefunden hast, der deinen gegenwärtigen Lebensumständen angemessen ist, und entsprechend handelst, dann wirst du wahrscheinlich eine wunderbare Reise haben. Diese Reise wird für jeden von uns anders sein und sich auch je nach Lebensphase verändern. Im Folgenden nenne ich einige vorhersagbare Dinge, die passieren können.

Wenn du es nicht bereits getan hast, dann wirst du dich von einer regelmäßigen spirituellen Praxis angezogen fühlen. Du wirst anfangen, dich nach Zeiten der Stille zu sehnen. Und in dieser Stille wirst du die Stimme in dir kennenlernen, die dich leitet. Wenn du weiterhin dienst, wird dein Ego schwächer werden. Wenn dies geschieht, wird die Liebe über die Angst in deinem Leben siegen. Du wirst vergessen, dass du Dinge perfekt machen musst, und indem du dieses auf Angst basierende Bedürfnis loslässt, wirst du Dinge besser machen, als du vielleicht erwartet hast – und mit Leichtigkeit. Du wirst geführt werden und klare Entscheidungen treffen, weil deine Absicht, zu dienen, kompromisslos klar ist.

Auch wenn dein Engagement, dienlich zu sein, aus dem Herzen kommt, kann es einige Zeit dauern – insbesondere dann, wenn du jung oder in den frühen Phasen bist –, bis deine Arbeit des Dienens frei vom Ego ist. Das ist vorhersehbar.

Wenn du mit dem edlen Dienst weitermachst, wird dein Einfluss voraussichtlich wachsen. Im Alten Testament, 1 Chronik 4,10 findet sich eine ausführliche Textstelle hierzu. Dort wird eine lange Liste mit den Namen derer genannt, die von Gott geliebt und gesegnet wurden. Die Liste geht weiter – Name für Name –, bis sie zu Jabez kommt. Dann kommt es zu einer deutlichen Verschiebung. Die Chronik zitiert hier nicht nur seinen Namen, sondern geht mehr ins Detail. Sie zitiert sein Gebet zu Gott:

> „Doch Jabez rief zum Gott Israels und sprach: ‚Möchtest du mich segnen und mein Gebiet erweitern. Möchte deine Hand mit mir sein, dass du mich freimachst von Unheil und ich ohne Beschwerden bleibe.' Und Gott erfüllte seine Bitte."

Warum? Weil Jabez ein vollkommenes Gebet sprach für seinen Wunsch zu dienen. Wenn sich Jabez darauf bezieht, dass er sein Gebiet vergrößern möchte, dann meint er das Gebiet, auf dem er dient, und den Einfluss, der dadurch entsteht. Was für ein kraftvolles Gebet für diejenigen, die dienen möchten. Es lohnt sich, es täglich zu sprechen.

Sei dir bewusst, dass du auf dem Weg herausgefordert und geprüft werden wirst – und zwar gewöhnlich genau dann, wenn du kurz davor bist, einen Sprung in deiner Arbeit des Dienens zu machen, damit sich dein „Gebiet" vergrößern kann. Kommst du immer noch aus einer reinen, selbstlosen Absicht des Dienens oder hat sich dein Ego wieder eingeschlichen? Man muss wachsam sein, da die Dunkelheit das Licht nicht unterstützen will. Deine Wachsamkeit wird sich an deiner fortlaufenden und intensivierten spirituellen Praxis ablesen lassen.

Du wirst natürlich Entscheidungen treffen müssen, doch du wirst sie mit mehr Leichtigkeit und Klarheit treffen, da du weißt, dass du dich auf dein spirituelles Bein stützen musst, um Führung zu bekommen, auch wenn du mit dem anderen Bein in der physischen Welt stehst.

Es ist wichtig, dich zu erinnern, dass du nichts allein tun musst. Es steht dir frei, die Unterstützung deiner sichtbaren Helfer – in Gestalt deiner Familie, Freunde und spirituellen Lehrer – in Anspruch zu nehmen. Bitte auch um Hilfe aus den unsichtbaren Gefilden: von deinen Ahnen, deinem erwachten Selbst, dem Reich der Engel und dem Reich der aufgestiegenen Meister. Bitte um Hilfe und sie werden auf deinen Ruf antworten. Warum? Weil das spirituelle Gesetz des Einsseins sicherstellt, dass sie bereits Teil deines Einen Selbst sind.

Ruhe in dem Wissen, dass du als Individuum nur sehr wenig tun musst – außer an deiner Absicht des Dienens festzuhalten, in Erscheinung zu treten und den nächsten Schritt zu machen, zu dem du dich in deinem Innern geführt fühlst. Wenn du mit viel Liebe deine Intention und Aufmerksamkeit pflegst, wird dir das Leben alles bringen, was du brauchst, um deine Arbeit des Dienens fortzusetzen. Manchmal wirst du dich fühlen, als würdest du getragen, als bekämest du Auftrieb wie ein Adler, der durch eine leichte Flügelbewegung abdrehen und im Sturzflug hinabstoßen kann.

Du könntest die Erfahrung machen, auf der Sonnenseite des Lebens zu stehen. Es könnte zu zahlreichen Synchronizitäten und glücklichen Ereignissen kommen. Deine Fähigkeiten und deine Intuition werden wahrscheinlich rasch zunehmen. Segnungen jeder Art könnten in dein Leben fließen – nicht, weil du sie gesucht hast, sondern als „Früchte" deiner Arbeit des Dienens. Wenn du anderen dienst, kann das Leben gar nicht anders, als dir Segnungen im Überfluss zurückzugeben. Warum? Weil du, wenn du aus dem Dienst an der Menschheit kommst, von der Liebe für die Menschheit herkommst. Wie uns *Ein Kurs in Wundern* sagt, sind Wunder ein Produkt und eine Folge von zum Ausdruck gebrachter Liebe.

Wir müssen darauf hingewiesen werden, dass unser Leben immer noch schwierig sein wird, da wir ständig gedrängt werden, in unserer Arbeit des Dienens zu wachsen, um von einer höheren Ebene von Mitgefühl, Liebe und Bewusstsein aus zu agieren. Wie bereits erwähnt, haben wir unsere menschliche Gestalt, um in diesem Leben genau das zu tun – im Bewusstsein zu wachsen. Deshalb wird uns das Leben aus Liebe diese Herausforderungen geben, um uns dabei zu helfen.

ÜBUNG

Mache dir Notizen zu deiner Lebenslinie bis heute, ohne groß darüber nachzudenken. Was siehst du, das Hinweise auf deinen Hang zu einer bestimmten Art des Dienens geben kann?

ÜBUNG

Als Nächstes gehe zu Anhang A hinten im Buch und lies die Fragen dort. Schenke jeder Frage Beachtung und überdenke dann, was du vor Kurzem über deine Lebenslinie geschrieben hast. Was würdest du jetzt hinzufügen oder über deine Lebenslinie schreiben? Helfen diese Zusätze dir, klarer zu sehen, wo und wie du geneigt und imstande bist, anderen behilflich zu sein?

***

14

„WIE SIEHT ES AUS“, WENN MAN AUS EINEM HÖHEREN BEWUSSTSEIN KOMMT?

„Die aufschlussreichste und tiefgreifendste Weise, die Evolution des Universums zu beschreiben, wäre zweifelsohne, die Evolution der Liebe zu verfolgen.“

Pierre Teilhard de Chardin

WAHRER REICHTUM

Jeder von uns hat in seinem Herzen die Mittel, sein Leben so zu gestalten, dass es wahren Reichtum verströmt, da Liebe der einzige wirkliche Schatz von Wert ist. Wir sind verblendet, wenn wir glauben, dass eine künstliche Form des Austauschs – beispielsweise von Geld, Gold, Edelsteinen, Eigentum oder wertvollen Gegenständen – etwas von *wirklichem* Wert hervorbringen kann. Die einzigen wirklichen Schätze sind diejenigen, die wir dadurch bekommen, dass wir lieben.

Liebe zu schenken macht sich reichlich bezahlt. Sie ist eine allgemein begehrte „Ware“. Ihr Wert, der immer gefragt ist, verfällt nie. Und unseren Vorrat an Liebe können wir auch nie erschöpfen, da wir Liebe *sind*.

Stell dir vor, was für eine Art von Welt wir erschaffen würden, wenn wir alle danach strebten, reich an Liebe zu sein, und unseren Selbstwert entsprechend messen würden. Sofern wir keine geistige Behinderung haben, besitzen wir alle die gleiche Fähigkeit, die Liebe auszudrücken, die wir sind, und so unsere spirituelle Armut zu beenden.

AUS DEM HERZEN LEBEN

Je mehr du meditierst, umso stärker wirst du dir deiner wahren Natur bewusst. Und damit geht eine wachsende Fähigkeit einher, dich selbst zu lieben und den Wunsch zu haben, anderen durch deine Gedanken, Worte, Taten und Gebete Liebe zu schenken. Wenn du mit deinen regelmäßigen spirituellen Praktiken, einschließlich der Meditation, weitermachst, wirst du dich wahrscheinlich eines Tages dabei ertappen, dass du mehr an das Wohlergehen „anderer" denkst. Es findet eine Verschiebung des Hauptfokus vom „Ich" auf das „Wir" statt. Sobald du dich auf das „Wir" fokussierst, werden dein Fokus und deine gefühlte Verbindung zu anderen naturgemäß stärker.

LIEBEVOLLE GÜTE SCHENKEN

DAS METTA-GEBET

Der Buddha empfahl seinen Schülern, das Metta-Gebet zu praktizieren, das ein Gebet des guten Willens und der liebevollen Güte dir selbst und anderen gegenüber ist. Einen Workshop oder eine

Präsentation beende ich fast immer mit einem Metta-Gebet. Es folgt eines, zu dem ich mich besonders hingezogen fühle.

> Möge ich in Frieden sein.
>
> Möge mein Herz offen bleiben.
>
> Möge ich für das Licht meiner eigenen wahren Natur erwachen.
>
> Möge ich geheilt werden.
>
> Möge ich eine Quelle der Heilung für alle Wesen sein.

Beachte, dass das Gebet das Pronomen „ich" verwendet. Wir müssen zunächst uns selbst Liebe schenken und so zu liebevolleren Menschen werden. Wenn wir das tun, werden unsere Metta-Gebete kraftvoller.

Wenn du es dir zur Angewohnheit machen möchtest, dieses Metta-Gebet zu sprechen, dann sprich es zunächst zu dir selbst. Dann sprich es für jemanden, der dir sehr nahesteht und den du liebst. Als Nächstes für jemanden in deinem Leben, für den du neutrale Gefühle hast. Danach sprich es für jemanden, den du nicht magst, oder gehe sogar so weit, es für jemanden zu sprechen, den du als Feind ansiehst.

Dann kannst du vom „Du" zum „Wir" übergehen und es für eine Gruppe sprechen, wie zum Beispiel deine Familie, diejenigen, die im Gefängnis sitzen, alleinerziehende Mütter oder die Obdachlosen.

Diese Menschen müssen nicht wissen, dass du für sie betest, oder offen dafür sein, dieses Gebet zu empfangen. Hier geht es darum, dass du deine Fähigkeit entwickelst, durch das Metta-Gebet zu lieben. Im Laufe der Zeit wird sich dein Herz öffnen und sogar für diejenigen weich werden, die du nicht leiden kannst. Das kann zu einer offensichtlichen positiven Veränderung in deiner Beziehung mit ihnen führen – oder es auch nicht tun. Es ist nicht wichtig. Liebe, die einem anderen aufrichtig geschenkt wird, wirkt sich positiv aus, zumindest für die Person, die das Gebet spricht.

Schließlich kannst du in das Gebet auch die gesamte Menschheit einbeziehen, Mutter Erde, alle fühlenden Wesen und Lebensformen.

Als ich die Teilnehmer eines Workshops durch die gesamte Sequenz führte, fragte eine Frau: „Wie kann ich die gesamte Menschheit in mein Herz hineinnehmen?" Eine andere antwortete schnell: „Natürlich kannst du das." Zu glauben, man könnte sein Herz nicht für die gesamte Menschheit öffnen, kommt daher, dass wir glauben, unsere Fähigkeit, andere in unser Herz hineinzunehmen, sei begrenzt. Die Kraft des Herzens kennt jedoch keine Grenzen, seine Fähigkeit, zu geben, ist unendlich.

ÜBUNG

Schreibe dein eigenes, von Herzen kommendes Metta-Gebet auf, und sprich es täglich oder so oft, wie du dich dazu hingezogen fühlst – zunächst für dich selbst, dann auch für andere.

***

DEINE WAHRE NATUR ZUM AUSDRUCK BRINGEN

Wenn du deine wahre Natur erfahren möchtest, gehe nicht in die Vergangenheit, um herauszufinden, wie du in der Gegenwart leben kannst. Wenn dein Bewusstsein gewachsen ist, enthält die Vergangenheit nur eine begrenzte Geschichte von dir. An die Vergangenheit zurückzudenken, bei ihr nach Führung zu suchen dient lediglich dazu, dich an deine Geschichte zu binden und die Tür zu deinem wahren Selbst zu verschließen, die nur in der Gegenwart erfahren werden kann.

Du kannst dein wahres Selbst und all seine Eigenschaften wie Liebe, Freude und Frieden nie in der Vergangenheit ausdrücken. Wenn es für deine spirituelle Entwicklung wichtig ist, dich an etwas aus der Vergangenheit zu erinnern, dann wird es dir in der Gegenwart, in dem Moment, in dem du es brauchst, einfallen. Manchmal passiert das, wenn du emotionale Wunden aus der Vergangenheit heilen musst, die noch Heilung brauchen.

Wenn du deine wahre Natur erfahren möchtest, dann flüchte auch nicht in die Zukunft, da die Zukunft nichts als Wunschdenken oder eine ängstliche Projektion ist und beide immer noch auf deiner Vergangenheit basieren.

Ich habe das Privileg gehabt, mit zwei erleuchteten Autoren zu arbeiten. In beiden Fällen kam ihre Erleuchtung durch eine plötzliche Erfahrung, bei der die Identität mit dem Ego durchbrochen wurde. Sobald das falsche Selbst verschwand, tauchte ihr wahres Selbst ganz von allein auf.

Die meisten von uns machen jedoch nicht die Erfahrung, plötzlich erleuchtet zu werden. Wir können entweder darauf warten, dass auch uns dieses seltene Ereignis passiert, oder wir können uns selbst wachrütteln, indem wir die Liebe zum Ausdruck bringen, die wir bereits sind.

Wie kann ich erkennen, dass ich nur Liebe bin?

Indem du allen Liebe schenkst, zu jeder Zeit. Nur indem du Liebe gibst, kommst du zu der Erkenntnis, dass du die Liebe bist, die du gibst.

Wenn du übst, liebevoll zu sein, wirst du wahrscheinlich feststellen, dass du lebensfroher wirst und dich „lebendiger“ fühlst, weil du die Liebe, die du bist, nicht geben kannst, ohne dass diese Heilung und diese erhebende Energie zu dir zurückkommen. Wenn sie es tut, dann erinnert sie dich daran, dass du Liebe nicht wirklich weggeben kannst, weil du die Quelle der Liebe bist, die du gibst.

Alles funktioniert um einiges besser, wenn wir aus unserem wahren Selbst leben. Indem wir Liebe schenken, produziert unser Körper mehr Endorphine, die zu einem verstärkten Gefühl von Wohlergehen führen. Wenn wir mit der Praxis fortfahren, aus unserer wahren Natur zu leben, dann fühlt es sich so gut an, zu sein, wer wir wirklich sind, dass wir nicht länger etwas tun wollen, um diese Erfahrung zu beeinträchtigen. Sobald wir anfangen, aus unserer wahren Natur zu leben, dient jede Entgleisung, die uns zu dem unangenehmen falschen egoischen Selbst mit seinem angstgesteuerten Verhalten zurückführt, nur dazu, zu unterstreichen, dass wir *das* nicht sind.

Wie würden wir lieben, wenn wir nicht durch das Ego beeinträchtigt wären? Unser wahres Selbst strahlt Liebe aus und empfindet ausschließlich Dankbarkeit für Gelegenheiten, sie zu schenken. Es wird Unterschiede darin geben, wie die verschiedenen Eigenschaften unseres Selbst durch uns ausgedrückt werden, weil einige von uns eher enthusiastisch sind, andere eher ruhig und zuversichtlich, wieder andere von ihrem Wesen her eher überschwänglich oder manche eher gelassen sind.

Bedingungslose Liebe, ach, wie selten sie doch ist! Das Markenzeichen bediengungsloser Liebe ist, dass sie frei von Angst ist. Wenn keine Angst da ist, dann gibt es nichts, was den Fluss der Liebe behindern kann. Deshalb kann Liebe nur durch unser wahres Selbst gegeben werden, nicht durch das egoische Selbst, das aus Angst entstanden ist und von ihr getragen wird. Das ist auch der Grund dafür, warum viele spirituelle Lehrer uns sagen, wir sollten nichts ablehnen und uns dem hingeben, was ist. Um das zu tun, müssen wir unsere Angst loslassen. So ebnen wir den Weg dafür, dass unsere Liebe in all unsere Erfahrungen und über uns hinaus in die Welt strömen kann.

Bedingungslose Liebe kann nicht anders, als sich zu verbreiten. Sie schließt absolut alles ein. Sie verlangt nichts von den Objekten ihrer Liebe. Da sie über persönliche Liebe hinausgeht, nimmt sie nichts persönlich und kann deshalb auch nicht gekränkt werden. Eine solche Liebe kennt keine Grenzen. Sie wird nie gestört, weil sie nur die Realität der Liebe in allen Menschen und Situationen sieht, selbst wenn diese Liebe zuweilen verborgen ist, und das manchmal sehr tief. Sie ist ohne Urteil und muss nicht warten, bis jemand „perfekt" ist, bevor sie ihm Liebe schenkt. Sie nimmt alles vorbehaltlos an – alle Menschen und alle Situationen, so wie sie jetzt im Moment sind.

Wenn wir bedingungslos lieben, dann kommt es auf der viszeralen Ebene zu einem Aufweichen unserer Wahrnehmungen und einem Aufweichen der Art und Weise, wie wir es erleben, im Körper zu sein.

Ein Test, ob deine Liebe rein ist, besteht darin, dich zu fragen, ob in deiner Liebe Angst vorhanden ist: Angst vor Verrat, Angst davor, dass der oder die andere dich verlässt, Angst davor, dass die anderen nicht so handeln oder sind, wie du möchtest. Frage dich: „Wenn ich meinen Ehemann oder Partner liebe, ist diese Liebe dann frei von Angst? Wenn ich meine Kinder liebe, wird meine Liebe dann ohne die Angst gegeben, dass sie sich auf eine bestimmte Weise entwickeln werden? Dass sie meine Erwartungen nicht erfüllen werden?" Natürlich machen sich Eltern Sorgen über das Wohlergehen und die Sicherheit ihrer Kinder, doch verantwortungsvolle Sorge gefolgt von fürsorglichem Handeln ist keine Angst. Was die erste Frage angeht, so könntest du antworten: „In meiner Liebe für meinen Mann gibt es keine Angst, aber ich habe Angst davor, dass er sterben könnte."

Das ist vorweggenommenes Leid, und man muss damit rechnen, solange wir im Körper sind und unsere Liebe zu jemandem dessen Form einschließt. Wenn ein geliebter Mensch stirbt, stirbt nur der Körper. Die Essenz, das Wesen des Menschen, besteht weiter.

Trotzdem vermissen wir die Form: das warme Lächeln, seinen Blick, seine Berührung, seinen Sinn für Humor, seine Gesellschaft und so weiter. Vorweggenommenes Leid in Bezug auf jemanden, den wir über alles lieben, ist normal. Es ist eine Vorwegnahme des persönlichen Schmerzes, den wir erfahren werden, sobald die Form geht, da Liebe immer vollkommen und in jeder Weise mit dem geliebten Menschen verbunden sein möchte. Vorweggenommenes Leid ist eine der Gelegenheiten, bei denen wir gleichzeitig Angst und Liebe erfahren, doch Angst ist der vorherrschende Faktor.

Warum ist Angst die vorherrschende Emotion? Da die Person etwas *vorwegnimmt* und daher nicht im gegenwärtigen Moment ist. Wenn sie zu dem zurückkommt, was zu der Zeit ist, würde sie einfach mit dem geliebten Menschen sein und ihm Liebe schenken.

Viele von uns würden sagen, dass sie Gott lieben, obwohl wir meistens dazu erzogen worden sind, Gott zu fürchten. Wie können wir fürchten, was nur Liebe ist? Angst mit Gott gleichzusetzen ist ein Widerspruch in sich, doch es ist einer, mit dem wir schon eine ganze Weile leben. Angst führt naturgemäß zu der Illusion, der viele von uns unterliegen, nämlich, dass wir von Gott getrennt sind. Infolge dieser Angst schneiden wir uns vom Erkennen unserer wahren Natur ab. Von unserer göttlichen Quelle können wir uns jedoch nie abschneiden.

Liebst du dein Leben? Viele von uns haben eine Liebe-Angst-Beziehung zu ihrem Leben. Ihre Lebensfreude wird durch ein tiefes Misstrauen untergraben – das Gefühl, dass das sprichwörtliche „dicke Ende“ schon bald kommen wird.

Eine Frau stieg in einen Aufzug und zusammen mit ihr stieg ein Wartungstechniker mit einem Eimer ein. Er kam sofort ins Gespräch mit ihr und fragte sie: „Wie geht es Ihnen heute?“ – „Es geht mir einfach wunderbar!“, schwärmte sie. „Oh, so etwas würde ich nie sagen", antwortete der Wartungstechniker. „Wenn ich mir erlauben würde, mich so gut zu fühlen, hätte ich Angst, dass ich später dafür bezahlen müsste. Ich bleibe lieber bei meiner Routine."

Wie schade! Aufgrund seiner Überzeugung, dass man nicht darauf vertrauen könne, dass das Leben einem erstaunlich gute Dinge bringt, schnitt sich dieser Mann von seiner Lebensfreude ab.

Der Wartungstechniker ist nicht der Einzige, der Misstrauen gegenüber dem Leben empfindet. Ist dir je aufgefallen, dass jedes Mal, wenn ein Mensch sagt, er fühle sich wunderbar und es auch so meint, andere ihn ansehen, als würde er flunkern? Warum? Weil diese Menschen es sich selbst nie erlaubt haben, mit Leib und Seele die Freude des Lebens zu erfahren.

Wenn wir nicht glauben, dass Liebe die Grundlage von allem ist, vertrauen wir nicht darauf, dass das Leben absolut unterstützend und liebevoll ist und uns viel gibt; daher fürchten wir das Leben, zumindest bis zu einem gewissen Grad. Die Energie der Angst ist höchst kreativ. Wenn wir also ständig bei dem verweilen, wovor wir Angst haben, werden wir wahrscheinlich genau das, was wir fürchten, in unserem Leben manifestieren.

Menschen neigen auch dazu, Angst vor dem Schmerz des anderen zu haben. Wenn wir davor weglaufen, mit anderen in ihrem Schmerz zu sein, agieren wir nicht aus Liebe, sondern aus der Angst, dass wir stellvertretend die Angst des anderen erleben könnten oder dass uns ein solches Missgeschick ebenfalls passieren könnte. Können wir als Eltern behaupten, dass wir unsere Kinder so lieben, dass wir nicht vor unserer Angst davonlaufen oder in sie hineingehen, wenn sie heftigen Schmerz in ihrem Leben erfahren? Können wir auf die innere Weisheit unserer Kinder und die Weisheit des Lebens selbst vertrauen, selbst wenn sie sich gegen unsere Wünsche stellen oder von unseren persönlichen Werten abweichen?

Liebe drückt sich nicht immer auf sanfte und warmherzige Weise aus. Manchmal wird sie kühn ausgedrückt und kann anfangs als aggressiv erlebt werden.

Eine Zen-Geschichte veranschaulicht dies auf wunderbare Weise. Nachdem seine drei Schüler eine lange Phase intensiven Studiums und intensiver Praktiken durchlebt hatten, schlug der Zen-Meister vor, sie sollten sich eine Pause gönnen, in die Stadt fahren, einkaufen gehen und sich die Sehenswürdigkeiten auf dem Marktplatz ansehen. Die Schüler reagierten sehr erfreut auf diesen Vorschlag und machten sich schnurstracks auf den Weg. Da der Markt recht weit entfernt war, beschlossen sie, eine Rikscha zu nehmen. Als sie in die Rikscha einstiegen, wurde die Schülerin von einem Dieb angegriffen, der mit ihr um ihre Geldbörse rang. An jenem Abend fragte der Zen-Meister seine Schüler nach dem Essen, wie sie ihren Tag in der Stadt erlebt hatten. Die Schülerin erzählte ihm, wie man ihre Geldbörse gestohlen hatte. Der Meister hörte sehr aufmerksam zu. Als die Schülerin mit ihrer Geschichte fertig war, sagte der Meister: „Oh, meine Liebe, warum hast du nicht, *mit der liebevollsten Güte in deinem Herzen*, dem Dieb mit deinem Schirm eins über den Kopf gezogen, um ihn zu stoppen?“

Der Zen-Meister lehrte seine Schüler, dass wir zunächst in unser Herz hineingehen müssen, um zu beurteilen, was die geeignetste und liebevollste Reaktion ist, und dann zu handeln. Die Bitte „Bitte stehlen Sie meine Geldbörse nicht“ wäre genauso auf taube Ohren gestoßen wie: „Bitte nehmen Sie die nicht. Sie enthält das einzige Geld, das ich habe, um ein Geschenk für meinen Meister zu kaufen“.

Der Zen-Meister wusste, dass diese Situation eine scharfe, handgreifliche Zurechtweisung erforderte – einen zielgerichteten, harten Schlag, um den Dieb zu stoppen. Eine solche Reaktion ist ein Akt der

Liebe – nicht, weil sie die Geldbörse retten könnte, um das Geschenk für den Meister zu kaufen, sondern weil sie den Dieb veranlassen könnte, auf die einzige Weise „zuzuhören", in der er dies auf seiner damaligen Bewusstseinsebene hätte tun können.

Du kannst dich fragen: „WIE kann ich um das Wohlergehen von jemandem besorgt sein, der mich angreifen will?" Die vorhergehende Zen-Geschichte gibt dir einen Schlüssel. Nimm an, ein Einbrecher bricht in dein Haus ein. Was tust du dann? Du versuchst, ihn zu stoppen. Es ist dein Zuhause und er hätte nicht einbrechen sollen. Wenn du dich jedoch verteidigst, dann versuche, es „mit der liebevollsten Güte in deinem Herzen zu tun", und wenn du das nicht tun kannst, dann komme von einem Platz emotionaler Neutralität. Wenn du nicht mit Wut reagierst, hinter der sich eigentlich Angst verbirgt, dann wird dich dein „innerer Wissender" zu dem führen, was das Beste in der Situation ist. Und weil du nicht von Angst überrascht wirst, wirst du erwartungsgemäß innere Ruhe ausstrahlen, wachsam handeln und so die negativen Folgen für dich selbst und den Einbrecher minimieren.

Es obliegt uns, zu erkennen, wie wir unsere Liebe in unterschiedlichen Situationen am besten ausdrücken können. Das bedeutet, offen für die Führung der leisen Stimme unseres inneren Wissenden zu sein. Manchmal werden Worte oder Handlungen nicht angezeigt sein, sondern nur eine stille Segnung der Person oder Situation oder die Vorstellung, dass sie von heilendem weißen Licht umgeben sind.

MITGEFÜHL ÜBERTRUMPFT SYMPATHIE

Erinnere dich daran, wie Mutter Teresa einen neugeborenen Säugling in einem Straßengraben in Kalkutta fand. Es war kein Mitleid in ihren Augen, als sie dieses Kind ansah, sondern nur innige Liebe, die aus dem Erkennen des perfekten Wesens floss, das sie in ihrer

Handfläche hielt. Mutter Teresa war imstande, sich von menschlicher Sympathie zum Mitgefühl zu bewegen. Sie blickte das winzige Baby voller Mitgefühl an und dieses antwortete aus dem in ihm verkörperten Leben heraus.

Wenn wir aus menschlicher Sympathie agieren, gibt es eine Trennung zwischen dem anderen und unserem Selbst. Mitgefühl entsteht aus unserem inneren Gewahrsein des Einsseins.

Wenn es darum geht, dass Nationen einander angreifen, bringt man den bewaffneten Streitkräften tendenziell bei, den Feind zum „Objekt zu machen". Doch um uns zu verteidigen, müssen wir andere nicht zu inhumanen Objekten machen. Wenn wir das tun, können wir unser eines Selbst nicht sehen, leichter den Wert der anderen Person leugnen und so gewissenlos gegen sie vorgehen. Genau wie bei dem Einbrecher können wir das, was getan werden muss, aus dem liebevollsten Platz in unserem Herzen tun. Wir schützen uns mit Bedacht, doch wir schenken der hasserfüllten Gesinnung, aus der heraus der militärische „Feind" womöglich agiert, keinen Glauben und ahmen sie auch nicht nach.

Im Kampfsport respektiert ein Wettkämpfer seinen Gegner. Dieser Respekt ist ein wichtiger Aspekt, um emotionales Gleichgewicht herzustellen. Wettkämpfer wissen, dass sie emotional neutral bleiben müssen, indem sie ihren Gegner als gleichwertig anerkennen, da sie nur so das innere Gleichgewicht haben werden, das es ihrer ungeheuren Stärke durchzudringen erlaubt.

Können wir den Nutzen in Betracht ziehen, der sich daraus ergibt, unseren „Feind" als Teil unseres Einen Selbst anzuerkennen, wenn wir uns selbst oder unser Vaterland verteidigen?

Können wir in Betracht ziehen, wie viel Heilkraft freigesetzt würde, wenn wir unseren Feind lieben könnten? Indem wir denjenigen

Gutes tun, die uns schaden? Was für eine Herausforderung, aber auch was für eine Möglichkeit, einen Riesenschritt in Richtung höheres Bewusstsein zu machen!

Fühlen wir uns immer friedlich und warmherzig, wenn wir bedingungslos lieben? Nein. Aber nicht vor dem Schmerz – entweder in uns selbst oder in anderen – davonzulaufen, sondern ihn anzunehmen, ist ein Akt höchster Liebe. Vielleicht hat unsere Liebe gerade in solchen Zeiten, in denen das Herz physisch zu brennen und Schmerz zu verströmen scheint, etwas sehr Erlösendes. Wir bleiben unbeugsam in unserem Schmerz und leisten keinerlei Widerstand – ja, wir stützen uns nicht einmal auf die Hoffnung, dass er enden wird. Unsere einzige Absicht wird darin bestehen, der Traurigkeit, der Katastrophe oder Tragödie ins Auge zu sehen und uns ihr vollkommen hinzugeben.

Wenn du dich mit deinem emotionalen Schmerz hinsetzt und ihn da sein lässt, wenn du die Energie dieses Zustands vollständig fühlst, dann wirst du entdecken, dass es etwas darunter gibt. Emotionaler Schmerz, der akzeptiert und vollkommen angenommen wird, lässt allmählich nach und fängt an, sich aufzulösen. Dann taucht ein neuer Zustand auf, der still und friedvoll ist. Wenn du vor deinem Schmerz davonläufst und alles versuchst, um ihn nicht fühlen zu müssen, dann hinderst du dich selbst daran, die Realität des Friedens darunter zu erfahren.

Alle, die sich vollständig der Trauer über den Verlust eines geliebten Menschen oder eines geliebten Haustieres überlassen haben, werden dir sagen, dass sie den tiefen und entsetzlichen Schmerz des Verlustes fühlen mussten, bevor sie zu dem Bewusstsein kommen konnten, dass sie immer mit ihnen verbunden sein werden, dass die wahre Liebe zwischen ihnen Bestand hat und nie endet.

Wenn wir nicht akzeptieren können, dann erschaffen wir aus einem Zustand der Nicht-Akzeptanz. Wenn wir vor unserer Angst davonlaufen, dann erschaffen wir aus Angst. Wenn wir vor unserem Schmerz davonlaufen, dann erschaffen wir aus dem Schmerz heraus. Wenn wir diese Zustände jedoch akzeptieren oder sogar umarmen können, statt Widerstand zu leisten oder davonzulaufen, dann sind wir in der Lage, die auf Angst beruhende konditionierte Vergangenheit loszulassen, aus denen sie hervorgeht. Dann können wir heilen und einen Neuanfang machen.

SPIRITUELLE INTEGRITÄT

Wir möchten sinnvolle Dinge tun, um einen positiven Einfluss auf die Welt auszuüben. Mahatma Gandhi hob hervor, wie wichtig es sei, Sein und Tun in die richtige Reihenfolge zu bringen. Einer seiner meistzitierten Sprüche ist: „*Sei* du selbst die Veränderung, die du dir wünschst für diese Welt."

Irgendwann in seinem Leben stimmte Gandhi zu, eine bestimmte Zeit während der Woche zu reservieren, um Menschen zu empfangen. Bei einer solchen Gelegenheit wurde eine Frau mit ihrem Sohn zu ihm gebracht. Die Frau war verzweifelt und erklärte Gandhi, dass ihr Sohn sich selbst krank mache, weil er zu viele Süßigkeiten esse. Ganz gleich, was sie sage oder welche Disziplin sie anwende, ihr Sohn esse weiter Unmengen an Süßigkeiten. „Mahatma, Mahatma, bitte sagt ihm, er solle aufhören, Süßigkeiten zu essen", bat sie. „Er wird auf Euch hören. Bitte, Mahatma, bitte."

Gandhi sah den Jungen an, schaute dann wieder zur Mutter zurück, dann wieder zum Jungen. Er wandte sich wieder an die Mutter und antwortete: „Bitte kommen Sie mit Ihrem Sohn in drei Tagen zurück."

Die Mutter ging mit ihrem Sohn weg und beide kamen zu der verabredeten Zeit zurück. Als sie hereingeführt wurden, um Gandhi zu sehen, stand dieser auf, um sie zu begrüßen, und stellte sich dann nur wenige Meter von dem Jungen entfernt hin. Um seinen Worten Gewicht zu verleihen, hob er die rechte Hand, zeigte mit seinem Zeigefinger auf den Jungen und sagte dann mit ruhiger, aber ernster Stimme: „Iss keine Süßigkeiten!“ Die Mutter meldete sich schnell zu Wort. „Was, Mahatma? Das ist alles, was Ihr zu sagen habt? Warum habt ihr das meinem Sohn nicht schon vor drei Tagen erzählt?“ Ohne zu zögern, antwortete Gandhi: „Weil ich vor drei Tagen selbst noch Süßigkeiten gegessen habe.“

Gandhi wollte uns zeigen, dass wir, um Lehrer einer spirituellen Wahrheit sein zu können, die Lehre zunächst selbst verkörpern müssen. Mit anderen Worten, wir *sind* die Lehre. Wir müssen integre Menschen sein, die verkörpern, was sie lehren; sonst werden wir keine Wirkung erzielen. Gandhi wusste, dass seine Anweisung, keine Süßigkeiten zu essen, auf taube Ohren stoßen würde, sofern er ihr nicht selbst bereits folgte. Wir müssen auch wissen, dass sich unsere Macht, positive Veränderungen und Heilung in unserer Welt zu bewirken, dem Umstand verdankt, dass wir praktizieren, bevor wir lehren.

Deshalb hat der Inhalt einiger spiritueller Bücher echte transformative Kraft, während das bei anderen nicht der Fall ist. Transformative Bücher entstehen aus dem authentischen Seinszustand heraus, den sie den Lesern ins Bewusstsein zu bringen versuchen. Auf diese Weise findet eine Übertragung statt, da der Seinszustand des Autors durch seine Worte transportiert und auf den Leser übertragen wird. Dadurch erwacht dieser Zustand bis zu einem gewissen Grad auch im Leser.

Wie ich bereits früher gesagt habe, ist Präsenz nicht nur kraftvoll, sondern auch anziehend und weckt die Präsenz in anderen, ob sie sich nun dieser inneren Präsenz bereits bewusst sind oder nicht.

Um eine Situation zu befrieden, müssen wir zunächst in Frieden mit uns selbst sein. Wir müssen Eigenschaften wie Toleranz, Nicht-Urteilen, Akzeptanz und Respekt verkörpern, die wir in der Welt sehen möchten. Um das Ende des Terrorismus zu fördern, müssen wir zum Beispiel zunächst unsere eigenen Angriffsgedanken und -strategien stoppen, und zwar in all ihren unterschiedlichen Intensitätsformen von subtil bis heftig.

SEGNEN IST EIN KRAFTVOLLER AKT

Auf einer Reise von Vancouver, Kanada, nach Los Angeles musste ich die US-amerikanische Zollkontrolle passieren. An jenem Morgen war nicht viel los, also führte uns niemand zu bestimmten Warteschlangen. Weil ich also entscheiden konnte, zu welchem Zollbeamten ich gehen wollte, scannte ich ihre Gesichter und eines von ihnen sprang mir ins Auge. Sein Gesichtsausdruck war warmherzig, seine Haltung einladend.

„Sie haben den Zweck ihrer Reise als persönlich *und* geschäftlich angegeben", sagte er. „Ja, ich spreche in einer Kirche im Orange County", erklärte ich. „Ich bin Verlegerin und die Gemeinde hat eine Reihe von Büchern gelesen, die wir veröffentlicht haben. Angesichts der Erfolgsgeschichte meines kleinen Verlages und unseres Veröffentlichungsauftrags wollten sie hören, was ich zu sagen habe."

„In welchen Bereichen veröffentlichen Sie?", fragte der Zollbeamte. „Spiritualität und persönliche Entwicklung", entgegnete ich. „Spiritualität!", rief er aus. „Genau das brauchen wir. Wissen Sie, eigentlich bin ich kein Zollbeamter. Ich bin ein ‚Undercover-Segnender'. Als Zollbeamter zu arbeiten gibt mir die Möglichkeit, Menschen zu begegnen. Wenn ich Ihnen nicht begegnet wäre, wie könnte ich Sie dann segnen?" Er nickte einer Gruppe Menschen zu, die in diesem Moment hereinkam. „Schauen Sie sich diese Menschen an. Schauen Sie sich an, wie viele ich segnen kann."

„Sie brauchen meinen Vortrag nicht!", antwortete ich. „Aber ich werde meinem Publikum mit Sicherheit von Ihnen erzählen." „Ich wünsche Ihnen eine wunderbare Reise", sagte er mit einem Lächeln.

Dies war ein US-amerikanischer Zollbeamter! Statt mich eingeschüchtert oder unter Verdacht gestellt zu fühlen, wurde ich warmherzig begrüßt. Dieser Beamte ließ mich mit dem Gewahrsein der Güte zurück, die man bei Menschen und an Orten findet, wo man es am wenigsten vermutet hätte.

Was für eine schöne Geschichte! Doch es gibt etwas, das der US-Zollbeamte auf seiner Arbeit nicht tun konnte, das wir aber tun können, um unseren Segnungen noch mehr Kraft zu verleihen – nämlich jemanden laut zu segnen, indem wir seinen Namen sprechen. Das gesprochene Wort hat mehr Macht. Segne andere laut, wenn du allein oder mit ihnen zusammen bist. Bitte andere, dich laut zu segnen. Wenn du segnest, dann schicke dem Menschen, den du segnest, liebevolle Absichten.

Eltern haben die Möglichkeit, ihre Kinder jeden Tag laut zu segnen, oder noch besser mehrmals am Tag. Zu Hause können wir unser Essen laut segnen. Wie viele von uns haben sich dieser positiven Praxis entzogen?

Wenn wir in einem öffentlichen Restaurant darauf verzichten, laut zu segnen, wollen wir keine Aufmerksamkeit erregen oder anderen, die das nicht wollen, kein Unbehagen bereiten. Ich kenne ein Restaurant, das auf spirituellen Prinzipien und ehrlichem Service beruht. Diejenigen, die in der Küche arbeiten, versammeln sich jeden Morgen und segnen das Essen, mit dem sie die Mahlzeiten für den Tag vorbereiten. Man kann die wunderschöne Energie förmlich *fühlen*, wenn man dort essen geht. Und darüber hinaus ist das Essen sehr lecker.

Genau wie Wohlwollen der Beginn von Nächstenliebe sein kann, so kann auch das Segnen anderer der Beginn bedingungsloser Liebe sein. Wenn wir andere aufrichtig segnen, dann ist die Liebe, die wir geben, selbstlos. Wir wollen nichts von den anderen; wir wollen nur gute Dinge für sie.

Durch die Werke Masaru Emotos und des Schweizer Nobelpreisgewinners Kurt Wuthrich, der Wissenschaftler Martin Chaplin, Vladamir Voyekov und anderer Naturwissenschaftler aus Ländern rund um den Globus – wie Russland, der Schweiz, Israel, Großbritannien, den USA, Argentinien und China – haben wir die besonderen Eigenschaften von Wasser und seine phänomenale Bedeutung erkannt.[30]

Nach Ansicht der Wissenschaftler, die Wasser untersucht haben, hat Wasser ein Gedächtnis. Es fühlt und reagiert auf unsere Gedanken und Emotionen. Es erinnert sich an alles, was es um sich herum aufnimmt. Alles und jeder, der ihm nahekommt, hinterlässt eine Spur auf ihm. Wasser hat eine chemische Komponente, nämlich H_2O. Doch noch wichtiger ist, dass Wasser eine *strukturelle* Komponente hat. Durch unsere Gedanken, Worte und Emotionen können wir die molekulare Struktur von Wasser verändern. Die Präsenz und die Emotionen des Menschen haben den stärksten Einfluss auf Wasser. Zum Wasser zu sprechen oder positiv darüber zu denken übt eine wohltuende Wirkung darauf aus, was bedeutet, dass es seine Leben spendende Energie erhöht. Laut oder in Stille Worte wie „Ich liebe dich. Du bist schön. Ich danke dir. Ich segne dich“ zu sprechen kann die Moleküle von deformierten, trüben Wasserstrukturen zu wunderschön symmetrischen, hexagonalen, kristallähnlichen Gebilden verändern. Zum Ausdruck gebrachte Liebe steigert den Nutzen von Wasser. Negative Gedanken und Emotionen bewirken genau das

---

30 Filmdokumentation Water – The Great Mystery – Explore the Power of Consciousness, DVD, produziert von Saida Medvedeva, Sergey Shumakov, Vasiliy Anisimov, vertrieben durch Voice Entertainment zusammen mit Masterskaya Productions, 2006.

Gegenteil. Die größte positive Wirkung oder Veränderung, die wir bei Wasser bewirken können, stellt sich ein, wenn wir Emotionen von Liebe und Dankbarkeit fühlen und aussprechen.

Der japanische Wissenschaftler Masaru Emoto experimentierte mit drei Marmeladengläsern, die mit Reis gefüllt waren, über das er Wasser goss. Einen Monat lang näherte er sich jeden Tag diesen Gläsern. Zu einem Glas sagte er: „Danke." Zu einem anderen Glas sagte er: „Du bist ein Idiot." Das dritte Glas ignorierte er. Das Ergebnis? Nach einem Monat war der Inhalt des Glases, dem Dankbarkeit entgegengebracht worden war, fermentiert. Der Reis, dem gesagt wurde, er sei ein Idiot, war schwarz geworden. Der Reis in dem dritten Glas, der ignoriert worden war, fing an zu verfaulen.[31]

Es gibt noch andere interessante dokumentierte Vorkommnisse, die beweisen, dass Wasser unsere Gedanken und Emotionen aufnimmt und von ihnen beeinflusst wird. Zum Beispiel versammelte sich im Jahre 1956 eine Gruppe von Wissenschaftlern in einem geheimen Militärlabor in Südostasien, um über die Entwicklung von Krankheitserregern zur biologischen Kriegsführung zu sprechen und daran zu arbeiten. Bei einem solchen, sich hinziehenden Treffen wurden alle Mitglieder der Gruppe krank und zeigten Symptome einer schweren Lebensmittelvergiftung. Sie wurden schnell ins Krankenhaus eingeliefert. Ihre Krankheit war jedoch keine Lebensmittelvergiftung, da sie nichts als Wasser aus einer Karaffe zu sich genommen hatten, die auf dem Tisch stand, um den herum sie saßen. Vielmehr hatten ihre toxischen und gefährlichen Gespräche die Qualität des Wassers, das sie getrunken hatten, so beeinträchtigt, dass es ihrer Gesundheit schadete.[32]

Geht man bis ins Jahr 1472 zurück, dann lässt sich den Chroniken entnehmen, dass in jenem Jahr ein Abt eingekerkert wurde, von

---

31 Ebd.

32 Ebd.

dem man glaubte, er habe eine Frau aus dem Königshaus vergiftet. Im Gefängnis gab man ihm jeden Tag lediglich ein Stück Brot und verschmutztes Wasser zu trinken. Der Abt sprach eine Danksagung und ein Gebet über dem Brot und dem fauligen Wasser. Und was war die Folge? Seine Gesundheit verbesserte sich. Dies sprach jedoch gegen ihn, denn man dachte, es sei ein Beweis dafür, dass er besessen sei.[33]

Wenn es eine so positive, ja dramatische Wirkung haben kann, Wasser Liebe zu schenken, indem man es segnet, wie heilend muss es dann erst sein, sich gegenseitig zu segnen, da der menschliche Körper ja, abhängig vom Lebensalter, aus 70 bis 90 % Wasser besteht und das Gehirn aus etwa 80 %. Segne dein Gehirn, und sorge dafür, dass es nur positive Gedanken hat.

Du musst kein Priester sein oder als heiliger Mensch gelten, um Wasser zu segnen und seine Leben spendenden Eigenschaften zu wecken. Wir alle können unser Wasser segnen. Und vergiss auch Mutter Erde nicht. Sie besteht aus sehr viel Wasser. Wir lieben Mutter Erde, aber wir müssen sie noch mehr lieben.

Segne und verbreite so das Gute. Segne deinen Feind, dein Haustier, den Postboten, deine Pflanzen und das Wasser, das du ihnen gibst, segne alle, die dein Heim betreten. Erstelle eine Tafel, auf der dein Haussegen steht, und stelle sie an deinem Eingang auf. Dann halte an der Absicht fest, dass jeder beim Betreten deines Heims diese Segnungen bekommen wird und sie beim Verlassen mitnehmen kann.

---

33 Ebd.

DIE KRAFT DER EDLEN ABSICHT

Im Jahr 1996 vertraute ich einem meiner Geschäftsfreunde an, dass ich meine Spiritualität vertiefen wolle. Es fügte sich, dass er gerade einen Mann getroffen hatte, der vor einigen Wochen aus England gekommen war und als spiritueller Lehrer galt. „Ich werde fragen, ob er offen dafür wäre, Sitzungen in deinem Büro zu leiten", sagte er.

Eine Woche später öffnete sich gegen Ende des Arbeitstages unsere Bürotür, und herein marschierte ein sanfter, bescheidener Mann, der mir als Eckhart Tolle vorgestellt wurde. Innerhalb weniger Wochen erkannte ich, was für ein tiefgründiger und zeitgemäßer Lehrer er war, insbesondere für den Westen. Eckhart führte uns jede Woche tiefer in die Stille und ins spirituelle Gewahrsein hinein.

Im Laufe der Zeit erfuhr ich, dass Eckhart dabei war, ein Buch zu schreiben, und zu gegebener Zeit bat er mich, seine Verlegerin zu sein. Ich hatte noch nie ein Buch verlegt, doch ich fühlte mich verpflichtet, *The Power of Now* – die deutsche Ausgabe erschien im Jahr 2000 unter dem Titel *Jetzt! Die Kraft der Gegenwart* – der Welt verfügbar zu machen. Wir verbanden uns in Einssein, legten unsere Intention fest, ohne Erwartungen und ohne ein Gefühl dafür, ob eine Handvoll Menschen oder Millionen es lesen würden. Das Buch kam 1998 heraus und trotzte Veröffentlichungsnormen, da es sich schnell durch Empfehlungen unter Freunden und ohne Werbung verbreitete. Bis heute wurden mehr als 6 Millionen Exemplare allein in Nordamerika verkauft, insgesamt fast 8 Millionen Exemplare auf Englisch, und inzwischen ist es in 45 Sprachen verfügbar. Es war die Form, die daraus entstanden war, dass wir uns im Einssein und in einer gemeinsamen edlen Gesinnung verbunden hatten.

Intention ist ursächlich. Eine Absicht zu haben ist Voraussetzung dafür, schöpferisch zu sein. Die Absicht geht der Visualisierung voraus. Oft haben Menschen das Gefühl, dass sie etwas erschaffen, wenn sie es visualisieren. Doch Visualisierung ist nur ein Werkzeug, nicht die kreative Quelle. Dasselbe gilt für das Gebet, ganz gleich, ob es nun laut oder im Stillen gesprochen wird. Sowohl Visualisierung als auch Gebet werden durch Absicht gefördert und fließen *aus ihr heraus.*

Die Absicht ist formloser als Visualisierung oder Gebet und trägt daher eine feinere und mächtigere kreative Energie in sich.

Die Absicht ist ein Ausdruck von Glauben und Vertrauen. Sie ist etwas, das entschieden vertreten, aber nicht durch Willen, mentale Anstrengung oder Manipulation gesteuert wird. Auch wenn die Absicht an einem Endzustand festhält, ist dieser Endzustand nicht sehr konkret und hat seine ganz eigene Gefühlssignatur.

Nimm als Beispiel, dass du an der Absicht festhältst, eine gesunde Beziehung zu deinem Partner haben zu wollen. Du stellst keine Vermutungen darüber an, *wie* diese gesunde Beziehung aufgebaut werden wird. Die Absicht schreibt nicht vor, was erforderlich ist, damit deine Beziehung gesund sein kann. Wenn du an deiner Absicht festhältst, wird die Beziehung ganz von allein gesünder, auf die geeignetste Art und Weise. Vielleicht wirst du ziemlich überrascht von dem sein, was darauf folgt. Zum Beispiel könntest du feststellen, dass du offener, aufrichtiger und spontaner mit deinem Partner sprechen wirst, ohne dies geplant zu haben. Möglicherweise wirst du auch feststellen, dass du ein neues Gewahrsein von den Herausforderungen hast, vor denen dein Partner steht, was zu einem tieferen Verständnis und größerer Fürsorge in deiner Beziehung führt. Vielleicht findet ihr mehr Zeit füreinander. Und selbst wenn ihr es nicht tut, dann könnte die Zeit, die ihr miteinander verbringt, zur Folge haben, dass ihr besser aufeinander eingestimmt seid und euch hingebungsvoller liebt.

Wenn du an einer Intention festhältst, heißt das nicht, dass du passiv bist. Ganz im Gegenteil, an deiner Absicht festzuhalten erfordert Energieeinsatz. Diese Energie könnte sich für dich zunächst anders anfühlen. Auch wenn es bei der Absicht eine allgemeine Gedankenkomponente gibt, ist nicht diese Energie produktiv, sondern diejenige, die im Herzen gefühlt wird. Was immer durch dich oder von dir getan werden muss, wird offensichtlich werden. Die Führung, die du brauchst, wird häufig genau in dem Moment gegeben werden, da du sie brauchst. Wenn die spirituelle Kraft deiner edlen Absicht freigesetzt wird, dann beobachte, was passiert! Genau dann wirst du Synchronizitäten, höchst angenehme „Zufälle", Koinzidenzen und sogenannte „Wunder" erfahren. Es gibt keine großartige Ankündigung oder Fanfare, sondern nur erstaunliche Resultate.

AUF DEM EGO BERUHENDE INTENTIONEN

Auch wenn jede Intention mächtig ist, können Intentionen aus zwei verschiedenen Quellen kommen. Die Wirkung ist in beiden Fällen ebenfalls recht unterschiedlich. Intentionen können auf dem Ego beruhen. Dies geht häufig mit einem Wunsch nach Status, Prestige, Macht oder Reichtum einher. Deine Intentionen sind eng mit dir verbunden, also haben sie die Tendenz, narzisstisch zu sein. Es geht ausschließlich um dich – um deinen Komfort, deine Sicherheit und deinen Erfolg.

Auf dem Ego beruhende Intentionen sind, ganz gleich, wie positiv sie erscheinen mögen, in Wirklichkeit in der negativen Emotion der Angst verwurzelt. Sie werden von einem Gefühl persönlichen Mangels angetrieben und beruhen auf Bedürfnissen. Wenn deine Intention deinen Gefühlen von Unzulänglichkeit entspringt, dann hast du das Bedürfnis, dir und noch häufiger anderen etwas beweisen zu müssen.

Wenn deine Intention auf dem Ego beruht, dann kannst du eine Menge erreichen. Je intensiver du spürst, dass du etwas erwerben oder erreichen musst, umso wahrscheinlicher wirst du deine Kraft auf deine Intention richten. Doch die Intention, die auf dem Ego beruht, trägt den Stempel eines unersättlichen Vakuums, das alles in sich einsaugt. Immer wenn die Intention einem egoischen Geisteszustand entspringt, wird das Gute, das sie erreichen kann, durch die Grenzen des Eigeninteresses eingeschränkt.

EDLE ABSICHT

Eine Intention kann auch das sein, was ich als „edel" bezeichne. Ob eine Absicht edel ist oder nicht, wird durch die dahinterstehende Motivation bestimmt. Ist sie edel, dann beruht sie nicht auf egoistischem Bedürfnis oder auf egoistischer Befriedigung.

Statt vornehmlich durch Geld, Ruhm, Status oder Macht motiviert zu sein, beruht die edle Absicht auf Liebe und fließt aus deinem Herzen. Du kommst aus einem höheren Bewusstsein und deine Intentionen steigen einfach aus dem Guten in dir auf. Die Absicht ist vor allem deshalb edel, weil sie deinem persönlichen und spirituellen Wachstum dient oder der Verbesserung der Situation anderer Menschen. Dein Fokus liegt hier auf den Möglichkeiten, die Welt zu segnen, nicht auf deinem persönlichen Gewinn.

Wenn du an einer edlen Absicht festhältst, kommst du aus dem Kern deines Wesens, der Liebe ist. Deine Intention, die anfängliche Phase deiner Kreativität, ist eine Erweiterung deines wahren Selbst. Da das, was sie hervorbringt, die Folgen von Liebe sind, bewirkt es langfristig etwas Gutes für dich und alle Beteiligten.

Wenn du aus edler Absicht handelst, wird dein wahres Selbst nichts zurückhalten. Das liegt daran, dass es dich mit allen guten Dingen überschütten kann, weil du diese Dinge nicht im Dienst des Egos missbrauchen wirst. Da deine Motivation nicht Geld ist, wirst du dem finanziellen Wohlstand nicht anhaften, wenn er zu dir kommt. Du kannst diesen Wohlstand in vollem Umfang und voller Freude schätzen, aber du wirst nicht befürchten, ihn zu verlieren. Auch wenn Wohlstand nicht die Motivation hinter deiner Absicht ist, kommt sie doch in jeder Form als „Früchte" zu dir zurück.

Mit deinem Erfolg kann auch Prestige einhergehen. Aber weil es nicht gesucht wird, wirst du frei vom Ego bleiben und nicht deinem höheren Bekanntheitsgrad anhaften. Du wirst ihn genießen, aber nicht aus Eigendünkel, sondern weil er dir die Türen zu weiteren Möglichkeiten des Dienens öffnet.

Wenn du die Kraft der Intention nimmst und sie veredelst, indem du sie für dein spirituelles Wachstum, das Gute eines anderen oder die Menschheit im Allgemeinen hältst, dann fachst du sie mit spirituellem Raketentreibstoff an. Da sie ursächlich ist, kann eine solche Intention nur positive Ergebnisse hervorbringen. Und weil sie ohne Ego ist, kannst du davon ausgehen, dass sie sich schneller manifestieren wird, da das Ego den Fortschritt durch auf Angst gründende Sorgen und Zweifel, durch Zögern und Unschlüssigkeit behindert.

Weil das, was du tust, nicht im Dienst des Egos geschieht, kann das Ergebnis nur ein Segen für andere sein. Und wenn andere gesegnet werden, wird die Person, die die Intention aufrechterhält, es ebenfalls. Es ist ein spirituelles Gesetz, dass wir, wenn wir lieben, selbst geliebt werden.

Es liegt an jedem von uns, zu entscheiden, ob wir unsere Handlungen mit einem höheren Zweck ausstatten wollen. Du kannst zum Beispiel einen Film produzieren, um berühmt oder reich zu werden, oder du kannst dasselbe aus einer edlen Absicht tun und nur danach trachten, das Bewusstsein der Zuschauer anzuheben. Für beides ist eine Absicht erforderlich, doch im ersten Fall gründet sie sich auf dem Ego und im zweiten ist sie edel.

JEDEN TAG BEWUSST LEBEN

Die Reichtümer edler Absicht stehen immer zur Ernte zur Verfügung, ganz gleich, welcher sozialen Schicht du angehörst.

Nehmen wir an, du arbeitest in einer Bäckerei. Backst du dann lediglich Kuchen? Oder stellst du Köstlichkeiten her, die das Fest bereichern werden, wenn Leute zusammenkommen?

Jemand könnte sagen: „Aber ich arbeite in einer Poststelle. Da ich nur über wenig Schulbildung verfüge, werde ich wahrscheinlich für den Rest meines Lebens dort arbeiten. Welche Möglichkeit gibt es da für mich, meine Arbeit mit edler Absicht zu verrichten und etwas Bedeutsames für andere zu tun?“

Wenn du in einer Poststelle arbeitest, möchtest du vielleicht das Gebiet, auf dem du deine Dienste anbietest, erweitern. Halte an der Absicht fest, auf irgendeine Weise, die dich erfüllt, von größerem Nutzen zu sein. Pflanze den Senfsamen der edlen Absicht, und warte ab, was passiert. Halte in der Zwischenzeit an der Intention fest, deine Erwerbstätigkeit fortzusetzen, um deine Familie zu unterstützen – was eine edle Aktivität ist. Wenn du keine Familie hast, die du unterstützt, dann halte an der Intention fest, dich weiter selbst zu unterstützen – was ebenfalls eine edle Sache ist.

Es gibt noch etwas anderes, das du tun kannst. Du kannst die Absicht hegen, ein strahlendes Zentrum der Liebe an deinem Arbeitsplatz zu sein, und allen, die du triffst, ein Lächeln schenken und ihnen Warmherzigkeit und Akzeptanz entgegenbringen.

ÜBUNG

Lege jeden Morgen eine edle Absicht für den Tag fest. Greife diese Absicht am Ende des Tages wieder auf, und danke dafür, dass sie dich durch den Tag geleitet und ihn positiv beeinflusst hat.

***

ZIELE VERSUS EDLE ABSICHT

Es ist ein Unterschied, ob man ein Ziel oder eine Absicht festlegt. Ziele haben ihren Ursprung im menschlichen Geist, sie sind recht klar definiert und werden durch Willenskraft und physische Anstrengung erreicht. Daher haben sie begrenzte Möglichkeiten. Die Absicht ist allgemeiner, gleichermaßen fokussiert, aber für alle positiven Möglichkeiten offen.

Bei einem Ziel stellst du dir das gewünschte Ergebnis vor und arbeitest eifrig Schritt für Schritt daran, es zu erreichen. Bei der Absicht lässt du jedes „Bemühen" hinter dir, spezifische Dinge verwirklichen zu wollen. Du musst nicht wissen, wie etwas funktionieren wird, du musst lediglich darauf vertrauen, dass es das tun wird. Die Absicht nutzt eine feinere und kraftvollere Schwingung, statt sich ein Ziel zu setzen und es auszuführen. Die Absicht erfordert es, dass du dir dein Ziel setzt, dann daran festhältst, weiter festhältst und noch weiter festhältst – und zwar mit ganzem Herzen.

Wie legst du eine edle Gesinnung fest? Du kannst sie nicht erfinden, du kannst dir nicht einfach „eine ausdenken". Du kannst auch keine aus der Luft greifen. Du suchst nicht nach einer guten Sache und beschließt, dich darauf einzulassen, weil es gut wäre, sie zu tun. Die Verwirklichung einer Absicht mithilfe seines Willens zu erzwingen ist nur eine andere Art und Weise, wie der Verstand versucht, Kontrolle auszuüben.

Eine edle Absicht muss aus dem Herzen kommen – aus *deinem* Herzen. Deshalb sind edle Absichten etwas sehr Persönliches. Sie entstehen im Kern deines Wesens, an dem Ort, an dem sich deine Alltagserfahrung deines wahren Selbst mit dem universellen Bewusstsein koppelt.

Wenn du aus dem Herzen kommst, dann frage dich: „Wie kann ich mir selbst die größte Freude und Erfüllung bescheren?“ Wenn du aufrichtig fragst, wirst du eine Antwort bekommen. Das ist sicher. Wie könnte es anders sein, wenn du dein eigenes Selbst fragst, das dir nie etwas Gutes vorenthalten würde. Alles, was dir Frieden, Freude und Liebe bescheren könnte, wartet darauf, dass du es erlebst, während du ein höheres Bewusstsein entwickelst. Das universelle Bewusstsein weiß, was du brauchst, und zwar noch bevor du dir dessen selbst gewahr wirst. So haben viele von uns sich selbst sagen hören: „Danke, mein wahres Selbst, dass du geantwortet hast, bevor ich gefragt habe.“

Wir können eine edle Absicht erkennen, weil sie aus der Reinheit innerer Stille kommt und nicht durch Gedankenformen niedergedrückt wird. Edle Absichten zeigen sich uns, wenn wir der leisen Stimme in unserem Innern lauschen. Der Schlüssel dafür ist, diese innere Stimme der Seele im Innern hören zu können. Wir können sie erkennen, weil sie aus einer tieferen Schicht kommt als die Stimmen, die wir normalerweise in unserem Kopf hören, und sie die Energie unseres Herzens trägt. Das erfordert ein gewisses Wahrnehmungsvermögen.

Zu unterscheiden ist etwas ganz anderes, als zu versuchen, Dinge herauszufinden. Es ist eine Art „Wissen“. Die Eigenschaft dieses „Wissens“ ist, dass es bar jeglichen Egos ist. Du wirst wissen, dass du deine Antwort bekommst, wenn die Rückmeldung mit dem Gefühl der Bestätigung einer Absicht einhergeht, die dich zu einem überaus liebevollen, überaus freudvollen und überaus erfüllten Selbst macht

– statt in Gestalt einer Reaktion, bei der du dir vorstellst, du seiest erfolgreich, mächtig oder reich.

Während der Phase des Schöpfens mithilfe der edlen Absicht findet alles, was geschieht, in der inneren Dimension statt. Die Intention muss durch deine Herzenergie aufrechterhalten werden. Indem du dies tust, fügst du den Brennstoff hinzu, der die Energie für ihre Manifestation liefert. Manchmal steht deine Absicht im Vordergrund, manchmal im Hintergrund, doch sie ist immer da, bis sie sich manifestiert.

Eine edle Absicht festzulegen ist kein einmaliger Akt. Das Ego kann sich sogar in eine edle Absicht einschleichen, wenn diese nicht ständig aufrechterhalten wird.

Wenn sich eine edle Absicht durch dein gesamtes Leben zieht, dann ist sie wahrscheinlich Teil deiner Seelenaufgabe für diese Inkarnation. In einem solchen Fall bleibt die edle Absicht als solche konstant, während sich ihre Ausdrucks*form* wahrscheinlich im Laufe deines Lebens ändern wird. Wenn du deine edle Absicht aufrechterhältst, wird dir das Leben erwartungsgemäß schwierigere und umfassendere Möglichkeiten zeigen, wie du dienen kannst. Dein Wirkungskreis wird wahrscheinlich ebenfalls vergrößert werden, und du wirst eine immer größere Öffentlichkeit erreichen, wenn die edle Absicht aufrechterhalten wird. Erinnerst du dich noch an Jabez?

ÜBUNG

Lege eine edle Absicht fest, wenn sie aus deinem Herzen kommt. Schreibe sie auf. Halte an der Absicht fest, sie zu manifestieren, aber nicht in einer bestimmten Weise. Schreibe den Zeitplan für ihre Manifestation auf. Nimm wahr, wie du dich danach gefühlt hast.

ÜBUNG

Lege ein Ziel fest. Schreibe es auf. Arbeite daran, es zu erreichen. Schreibe den Zeitplan für das Erreichen des Ziels auf. Notiere, wie du dich gefühlt hast, nachdem du es erreicht hattest.

***

DIE KRAFT DER EINSTIMMUNG AUF DIE EDLE ABSICHT

Wo immer wir hinschauen, lehrt uns das Leben, wie sich Dinge in kraftvoller Weise zusammenfügen – Atome mit Molekülen, Samen mit Erde, Sperma mit Eizelle, Hefe mit Mehl. Durch Verbindungen werden unsere Körper und alle Lebensformen über die einzellige Amöbe hinaus erschaffen. Das ist so offensichtlich, dass wir häufig nicht innehalten, um das Wunder der Schöpfung zu bestaunen.

Uns mit einem oder mehreren anderen in edler Absicht zu verbinden ist ein heiliger Akt. Es ist eine Partnerschaft von Seelen, die sich ohne selbstsüchtige Motive, Hintergedanken oder wenig überzeugendes Engagement miteinander verbinden. Wenn zwei oder mehr in liebevoller Absicht zusammenkommen, dann entsteht aus der vereinigten Herzenergie größere Kreativität. Die kreative Kraft der Liebe, die in jedem Menschen, der sich auf dieselbe Absicht ausrichtet, präsent ist, unterstützt diese und katapultiert sie in die Manifestation hinein. Wenn es zu einem wahren Zusammenschluss der Herzen kommt, vervielfacht sich die Kraft, schnell das richtige Ergebnis zu manifestieren, entsprechend der Anzahl jener, die Teil der heiligen Verbindung sind, und der Stärke der spirituellen Energieladung, die jeder hinter der gemeinsamen Absicht aufrechterhält.

Das ist die Art von Kraft, die unsere Realität schnell verändern kann. Wenn sich zum Beispiel Atome zu Molekülen verbinden, wird eine kraftvolle laserähnliche Energie abgegeben. Desgleichen setzen wir, wenn wir uns mit anderen in edler Absicht verbinden, eine mächtige positive, transformative Kraft in unserer Welt frei.

Nimm an, du bist ein Architekt, der sich mit Stadtplanern verbindet, ein Priester, der sich mit einer Kirchengemeinde verbindet, oder ein Arzt, der sich mit seinen Patienten verbindet. Woher weißt du, ob sie sich auf edle Weise verbinden? Wenn Egos sich verbinden, dann tun sie das gewöhnlich, weil sie etwas *von* dem anderen wollen, nicht *für* den anderen. Da die edle Absicht nicht dem Ego entspringt, ist bei den Beteiligten, die sich zusammen in ihr verbinden, kein Eigennutz vorhanden.

Da edle Absicht deinem wahren Selbst entspringt, verbindest du dich, wenn du dich mit einem oder mehreren anderen verbindest, mit ihnen im Einssein. Das ist einer der schnellsten und kraftvollsten Wege, um unser Einssein zu erfahren. Gelegenheiten, um das Einssein in gemeinsamer Absicht zu erfahren, gibt es überall. Sie finden sich, oberflächlich betrachtet, häufig bei den vermeintlich ungewöhnlichsten Partnern.

Sich in gemeinsamer Absicht zu verbinden kennt keine Grenzen oder Hindernisse. Geschlecht, Alter, Nationalität, Religion oder geographische Entfernung sind nicht von Bedeutung. In der Absicht können wir die Realität unseres Einsseins mit jedem Menschen überall auf der Welt erleben. Durch eine solche Verbindung zapfen wir die Macht des Einsseins an.

15

ZUGANG ZUM HÖHEREN BEWUSSTSEIN BEKOMMEN

DER INNERE WISSENDE – UNSERE QUELLE FÜR VERLÄSSLICHE FÜHRUNG

In diesem Buch hast du bereits Hinweise auf unseren inneren Wissenden bekommen. Nun wollen wir ein tieferes Verständnis von ihm gewinnen.

Uns für unsere Überlegungen Rat von anderen zu holen und von ihnen zu lernen sowie Bücher über das zu lesen, was unsere Neugier geweckt hat, sind normale und alles in allem positive Maßnahmen. Sich jedoch auf solche Dinge zu verlassen bedeutet, dass wir die wichtigste und allgegenwärtige Quelle unserer inneren Weisheit und Führung übersehen.

Wir alle haben einen inneren Wissenden, der die Wahrheit über alle Dinge kennt – für uns individuell und für die gesamte Schöpfung. Er kennt den richtigen Weg für jeden zu jeder Zeit. Unser innerer Wissender befindet sich im universellen Bewusstseinsfeld. Da er nicht an Zeit und Raum gebunden ist, sieht er sozusagen das gesamte Bild

– die Vergangenheit, die Gegenwart und das, was sich als Zukunft präsentieren wird. Wie wir wissen, entdecken wir nur dann, wenn wir uns tief in unser Inneres begeben, eine andere Dimension – den Bereich der inneren Stille. Das Gewahrsein unseres wahren Selbst geht aus diesem Zustand hervor. Dies ist das Zuhause unseres inneren Wissenden, der keine begrenzenden Gedanken, Glaubenssätze oder Annahmen kennt. Er hat das vollständige Gewahrsein von allem – von allem, was existiert, existiert hat und in ewiger Potenzialität existiert. Und aus dieser Quelle entspringen hilfreiche Orientierung und echte Einsicht.

Unser innerer Wissender ist nicht von uns getrennt. Vielmehr ist er eine Facette unseres wahren Selbst. Einige bezeichnen es als ihr Höheres Selbst, ihr wahres Wesen, ihr erwachtes Selbst oder den innewohnenden Heiligen Geist. Unser innerer Wissender ist leichter zugänglich, wenn wir uns in einem Zustand der Stille befinden. Deshalb ist er oft als „eine leise, kleine Stimme" bezeichnet worden, der wir zu lauschen gebeten wurden. Seine Stimme ist so ganz anders als diejenige des Egos, die laut ist, so laut, dass wir manchmal nichts anderes hören können.

Unser Bewusstsein ist nicht vom universellen Bewusstseinsfeld getrennt, vielmehr verkörpern wir es. Folglich gibt es nichts, dem wir in unserem persönlichen Leben oder in der Welt begegnen, auf das unser innerer Wissender keine Antwort hat. Die Einsicht, die wir durch ihn gewinnen, kommt in Form von „gefühltem" Wissen, das nicht unbedingt erklärt werden kann.

Wenn wir Dinge mit den Augen des Egos betrachten, verstehen wir sie schnell falsch. Deshalb spricht unser innerer Wissender häufig zu uns, indem er unsere Wahrnehmung korrigiert. Eine korrekte Wahrnehmung mag keine Veränderung der äußeren Situation bewirken, aber sie wird den Anstoß dafür geben, dass man eine Situation so sehen kann, dass sie zu einem Gefühl inneren Friedens führt.

Deshalb bitten wir unseren inneren Wissenden, unsere Wahrnehmung der Situation oder Person zu korrigieren, damit wir Frieden finden können. Sobald wir die Verschiebung hin zu einer korrekten Wahrnehmung erfahren haben, fühlen wir oft innerlich, dass sich zwar nichts in unserer äußeren Welt verändert hat, sich aber alles für uns verändert hat, nachdem wir die Dinge jetzt anders sehen. Diese Veränderung kann praktisch sofort geschehen und erscheint häufig wie ein Wunder.

Der Grund, warum wir Frieden erfahren, wenn unser innerer Wissender unsere Wahrnehmung korrigiert, ist, dass Frieden ein Aspekt unseres wahren Wesens ist. Wenn wir inneren Frieden erleben, wissen wir, dass wir ein genaues Bild haben. Wenn wir nicht in Frieden sind, ist unsere Sicht verzerrt.

Wenn wir auf eine Situation oder Person mit Zorn, Groll, Kritik oder Defensivität reagieren, ist das ein Hinweis darauf, dass wir uns unserem inneren Wissenden zuwenden und fragen sollten, was in uns noch nicht geheilt ist, das uns unseren Schmerz nach außen projizieren lässt. Wenn die Antwort kommt – was sie zur rechten Zeit tun wird –, dann wollen wir bitten, dass uns der Weg gezeigt werden möge, um die emotionale Wunde zu heilen, die wir immer noch spüren.

Wenn wir unserem inneren Wissenden eine Frage zu einem wichtigen Lebensthema stellen – wie zum Beispiel, ob wir unseren Partner verlassen, unsere Stelle aufgeben und wieder zur Schule gehen oder unser Haus verkaufen und in eine andere Stadt ziehen sollten –, dann werden wir wahrscheinlich eine Zeit lang mit unserer Frage „sitzen" müssen. Es könnte sein, dass wir noch nicht bereit sind, die Antwort zu hören, weil es keine ist, die unser Ego gerne hört und die es deshalb ablehnen wird. In einer solchen Situation wird unsere Führung wahrscheinlich stufenweise kommen. Warum? Weil unser innerer Wissender uns in der Regel nie etwas zu früh zeigt und auch nie etwas, das uns überwältigen oder Angst machen könnte. Er weiß immer, was wir zu einem bestimmten Zeitpunkt zu akzeptieren bereit sind.

Wenn wir Führung von unserem inneren Wissenden bekommen, stellen wir fest, dass wir eine Situation, eine Beziehung oder das Leben im Allgemeinen entspannter angehen können. Wir fühlen uns freundlicher, zuversichtlicher, klarer in unserer Ausrichtung – und häufig bringen wir den Mut auf, zu handeln, obwohl wir nicht wussten, dass wir diesen Mut besitzen.

So wie wir nicht mit dem Zug fahren können, ohne zuerst eine Fahrkarte zu kaufen, können wir nur dann Antworten von unserem inneren Wissenden bekommen, wenn wir ihm Fragen stellen. Frage ihn beispielsweise zunächst danach, wo du deine Brille oder deine Autoschlüssel finden kannst oder was für dich in einem Fortsetzungstraum wichtig ist, den du gehabt hast. Bitte um Hilfe beim Schreiben eines Aufsatzes für deinen Kurs in englischer Literatur, und dann beobachte, wie die Kreativität fließt. Die Antwort kann praktisch sofort kommen oder einige Zeit dauern. Meine Erfahrung ist, dass wir umso schneller eine Antwort bekommen, je häufiger wir unseren inneren Wissenden darum bitten. Und je höher unser Bewusstsein ist, das heißt, je besser wir auf unser wahres Selbst eingestimmt sind, umso mehr kann uns unser innerer Wissender offenbaren.

Stelle deine Frage und dann lass sie los – mit Zuversicht und Leichtigkeit. Wie gesagt, manchmal kommt die Antwort sofort, in anderen Fällen dauert es eine Weile. Lausche einfach und beobachte. Warum beobachten? Weil unser innerer Wissender uns häufig durch Ereignisse antwortet, die in unserem Leben passieren: durch sich wiederholende Vorkommnisse, Synchronizitäten, Menschen, denen wir in unserem Leben begegnen, dem, was andere zu uns sagen, und „Zeichen“, die aus verschiedenen Quellen zu uns kommen können – unter anderem aus der Natur.

Woher können wir wissen, wann eine Antwort von unserem inneren Wissenden kommt? Wenn dieser uns antwortet, dann werden wir – um es noch einmal zu betonen – wissen, dass dies die authentische Stimme unserer Seele ist, weil mit ihr ein Gefühl von Gewissheit einhergeht und sie nicht von Angst begleitet ist. Stattdessen werden wir uns in das „Wissen" hinein entspannen. Wenn es richtig für uns ist, dann gibt es keine Verunsicherung, keine weiteren Fragen, keinen Raum für Zweifel oder Bedenken. Und im Nachhinein wird es keinen Zweifel geben, dass wir die richtige Entscheidung getroffen, das Richtige getan haben. Das Ego könnte natürlich trotzdem noch versuchen, einzugreifen, indem es Zweifel oder Ängste heraufbeschwört, doch jetzt wissen wir, wie wir das Ego erkennen und uns entscheiden können, auf die „richtige" Stimme zu hören, nämlich diejenige unseres liebevollen, allwissenden inneren Wissenden. Wenn wir von unserem inneren Wissenden angeleitet werden, zu handeln, dann wird es eine Handlung sein, die wahrscheinlich mit Anmut und Leichtigkeit ausgeführt wird. Dies wird zu Heilung oder einem anderen positiven Ergebnis führen, nicht nur für uns selbst, sondern für alle Betroffenen.

Je häufiger wir unseren inneren Wissenden um Führung und Korrektur einer Wahrnehmung bitten, umso leichter werden wir unsere „inneren Ohren" entwickeln, um seine Stimme zu hören, und umso zuversichtlicher werden wir darin, unser Leben von innen heraus zu leben – so wie es immer gelebt werden sollte. Diese Sicherheit ist besonders in diesen Zeiten der Verwirrung und großen Unsicherheit notwendig. Mit der weit verbreiteten Verfügbarkeit von Informationen durch diverse Kommunikationsmedien und das Internet gibt es mehr Stimmen von außen als je zuvor, denen man zuhören kann. Und nie zuvor schienen sie vielfältiger und widersprüchlicher zu sein. Wir brauchen das feine Gespür, das uns unser innerer Wissender geben kann.

WENN DU NICHT WEISST, WIE DU FÜR JEMANDEN BETEN SOLLST

Wir machen uns häufig Sorgen um die, die wir lieben, wissen aber nicht wirklich, was am besten für sie ist. Folglich wissen wir auch nicht, wie wir für sie beten sollen. Wenn ein Mensch zum Beispiel hochbetagt ist, sollten wir dann dafür beten, dass er körperlich geheilt wird oder dass er den Mut findet, seinen Körper friedlich zu verlassen? In solchen Momenten ist es eine Erleichterung, zu wissen, dass wir uns nicht darüber im Klaren sein müssen, was für den Menschen, der uns am Herzen liegt, am besten ist. Wir können unsere Sorge unserem inneren Wissenden übergeben.

In einer solchen Situation könnte unser Gebet ungefähr so lauten: „Innerer Wissender, ich weiß nicht, wie ich für ____________ beten soll, also bitte ich dich in Ruhe und Stille, das perfekte Gebet für ihn/sie zu sprechen." Dann ruhe einfach in der Stille, in dem Wissen, dass dein innerer Wissender erkennt, was das Höchste und Beste für den geliebten Menschen und alle Beteiligten ist.

WAS HINDERT UNS DARAN, UNS MIT UNSEREM INNEREN WISSENDEN ZU VERBINDEN?

Eines der Hindernisse, auf die wir stoßen, wenn wir von unserem inneren Wissenden Führung bekommen möchten, ist unsere Neigung, in erster Linie außerhalb von uns selbst nach Antworten zu suchen. In unserer westlichen Welt greift die Vergötterung von Individuen, die als führende Persönlichkeiten in der Gesellschaft angesehen werden, um sich, wie es durch unsere Verherrlichung von Politikern, berühmten Persönlichkeiten, Filmstars, reichen Managern, Sportlern und Unterhaltungskünstlern bezeugt wird.

Jeder, der von den Massen umschwärmt wird, weiß, dass sie anderen keine absoluten Antworten geben können. Doch nur sehr wenige sagen ihren Unterstützern oder Fans, dass sie ihre Aufmerksamkeit von ihnen abwenden und wieder sich selbst zuwenden sollen. Der wahre spirituelle Lehrer sagt dies jedoch immer. „Seht mich nicht an; schmeichelt mir nicht", sagt der wahre Lehrer. „Siehe die Großartigkeit in deinem eigenen Wesen. Wisse, dass du das, was ich mit dir teilen kann, bereits weißt."

Wenn jemand anderes dir etwas über dich selbst erzählt, dann ist das nicht dasselbe, als wenn du es selbst entdeckst. Sofern dein eigenes Bewusstsein die Wahrheit der Beobachtung oder Einsicht, die durch jemand anderen ausgedrückt wird, nicht begreift, hat es nicht die Macht, dich zu transformieren. Andere können dir den Weg weisen oder dir den Spiegel über einen Aspekt von dir vorhalten, doch nur in dem Maße, wie das, was jemand zu dir sagt, dein eigenes inneres Wissen triggert, wird es dich aus deiner Konditionierung befreien. Wir sind so stark von der Außenwelt beeinflusst, dass wir nur selten nach innen schauen, um Orientierung zu bekommen. Doch nur hier begegnen wir der kausalen Dimension unserer Erfahrungen. Führung muss von innen kommen. Die meisten von uns haben schon den Satz gehört: „Wenn der Schüler bereit ist, wird der Lehrer auftauchen." Die Bereitschaft des Schülers ist alles. Diese Bereitschaft beruht teilweise auf unserer Verbindung zu unserem inneren Wissenden; so wächst die Wahrscheinlichkeit, dass wir einen wahren spirituellen oder anderen wertvollen Lehrer erkennen und von ihm oder ihr profitieren werden.

Führung wird auch nicht dadurch sichergestellt, dass man bestimmten Praktiken nachgeht. Wie wir verschiedenen Stoffwechseltypen zugeordnet werden können, haben wir auch unterschiedliche Temperamente und finden daher einige Praktiken hilfreich und andere unproduktiv. Da wir alle einzigartig sind, könnte eine Praxis, die hilfreich für den einen ist, bei einem anderen Irritationen auslösen. Nur wenn sich eine Technik angenehm und leicht anfühlt, hilft sie, das Gewahrsein und den Ausdruck unseres authentischen Wesens zu fördern.

Du könntest meinen, dass dich deine Überzeugungen sicher führen würden. Überlege dir jedoch einmal, wie sich die Überzeugungen einer Person im Laufe ihres Lebens weiterentwickeln können. Viele von uns stellen zum Beispiel fest, dass sie in der Lebensmitte ganz andere Überzeugungen haben als zu der Zeit, als sie jung waren. Außerdem besteht eines der Hindernisse für persönliches Wachstum darin, an den Ideologien festzuhalten, die man uns einprogrammiert hat. Offensichtliche Beispiele sind: die Person, die immer für die Konservativen stimmt, weil ihre Familie das schon seit drei Generationen so macht; der starre Glaube an die Religion, die wir praktizieren, ohne die religiösen Praktiken anderer zu akzeptieren oder zu würdigen; das Gefühl zu haben, dass wir bestimmt etwas falsch gemacht haben oder es nicht verdienen, wenn wir keine finanzielle Fülle in unserem Leben erfahren oder den „richtigen" Partner treffen.

Viele von uns sind noch nicht daran gewöhnt, unseren inneren Wissenden um Führung zu bitten, da wir lieber bei den vertrauteren Strategien bleiben, uns Rat bei Familien und Freunden zu holen, Bücher zu lesen oder uns auf das zu verlassen, was wir für unsere „Gefühle" halten, die allzu häufig konditionierte Emotionen sind, die aus konditionierten Gedanken hervorgehen, statt aus der liebevollen Führung, die der Weisheit unseres inneren Wissenden entspringt. Abgesehen davon kann uns unser innerer Wissender anleiten, professionelle Hilfe zu suchen, um unsere „Wunden" zu identifizieren und deren Heilung zu unterstützen.

Unser innerer Wissender nutzt unsere starken Herzensverbindungen, um zu uns zu sprechen. Einmal saß ich in meinem Wohnzimmer und sprang ohne zu überlegen auf und rannte an die Straßenecke, wo ich sah, wie meine Tochter, die damals im zweiten Schuljahr war, gerade versuchte, eine der belebtesten Straßen in Vancouver zu überqueren, obwohl sie nicht an der Ampel stand. Ich schrie ihr zu, sie solle zurück an die Ecke gehen, um die Straße dort sicher zu überqueren.

Es ist viel über solche Vorkommnisse geschrieben worden. Nimm das Beispiel einer Mutter, die wusste, dass ihr Sohn genau in dem Moment im Krieg auf einem entfernten Kontinent starb. Oder das des Hundes, dessen Besitzer sich auf eine dreiwöchige Reise Tausende von Meilen entfernt begeben hatte, die vorzeitig abgebrochen wurde, sodass er nach zehn Tagen zurückkehren konnte. Sobald dies entschieden war, ging sein Hund an die Tür und fing an, auf sein geliebtes Herrchen zu warten.

Gegensätze ziehen sich nicht an. Gleiches zieht Gleiches an. Zum Beispiel fühlen sich unbewusste Menschen häufig nicht von bewussten Menschen angezogen und umgekehrt. Ich fragte einmal eine Frau, was sie am meisten an ihrem Mann liebe. Sie antwortete: „Seine Stärke, seine Rechtschaffenheit und seine Güte." Was sie zu jener Zeit nicht sehen konnte, war, dass sie diese Eigenschaften ebenfalls verkörperte. Wir können in einem anderen nichts sehen, was wir nicht bereits in uns selbst verkörpern. Es dauerte einige Jahre, bis sie zu dieser Erkenntnis kam. Als sie es tat, stellte ich fest, dass auch ihr Mann erkannte, dass er die Dinge verkörperte, die er an seiner Frau am meisten liebte. Wenn wir uns ernsthaft in jemanden verlieben, dann sehen wir durch das Äußere hindurch auf die innere Schönheit, auf die Essenz der Person, die uns anzieht, weil sie eine Widerspiegelung unserer eigenen inneren Schönheit und löblichen Eigenschaften ist.

Dieses Prinzip, uns selbst in anderen zu erkennen, gilt sogar dann, wenn sich eine wütende, negative Person von einer spirituellen und friedlichen angezogen fühlt. Unter ihrer Negativität ist ein unbewusstes Gewahrsein ihres eigenen, grundsätzlich friedlichen und liebevollen Selbst verborgen. Wäre das nicht der Fall, dann würde sie sich nicht von der Liebe und dem Frieden angezogen fühlen, der von einem anderen Menschen zum Ausdruck gebracht wird.

Wenn du mehrere zornige Menschen in deinem Leben siehst, woher kannst du dann wissen, ob du deinen Zorn auf sie projizierst und sie ihn dir nur widerspiegeln oder ob sie sich von deinem inneren Frieden angezogen fühlen und ihren Zorn loslassen möchten, um ihn auch zu erfahren? Frage deinen inneren Wissenden.

UNSER INNERER WACHSTUMSHELFER

Unser innerer Wachstumshelfer ist ein Aspekt unseres inneren Wissenden. Im Grunde genommen ist es das Bewusstsein selbst, das nach stärkerem Ausdruck durch unsere menschliche Gestalt verlangt. Wenn wir auf unseren inneren Wissenden hören, dann muss unser innerer Wachstumshelfer nicht so aktiv werden.

WOHER WISSEN WIR, WANN UNSER INNERER WACHSTUMSHELFER AKTIV IST?

Oft wissen wir, dass unser innerer Wachstumshelfer aktiv ist, weil wir eine innere Dissonanz fühlen, ein unerklärliches Unbehagen oder das, was einige als „göttliches Unbehagen“ bezeichnet haben – göttlich, weil es uns aufruft, bewusstseinsmäßig und charakterlich zu wachsen. Es fühlt sich wie eine kreative innere Spannung an: eine Einladung, unseren momentanen Aufenthaltsort aufzugeben, um wachsen zu können, auch wenn dies meistens zunächst auf einer unbewussten Ebene geschieht. Es dauert oft eine Weile, bis unser innerer Wachstumshelfer uns dies ins Bewusstsein gebracht hat.

Nimm beispielsweise den Vorfall der Frau, die plötzlich nicht mehr wirklich zufrieden in ihrem Beruf war. Sie hatte einige störende

Gefühle, konnte jedoch nicht identifizieren, wo sie herkamen. Also fragte sie ihren inneren Wissenden, und eines Tages, kurz nach dem Aufwachen, sagte sie zu sich selbst: „Ich möchte ein Kind haben!"

Manchmal kommt das, was du erfährst, wenn dein innerer Wachstumshelfer aktiv ist, überraschend; die Überraschung, dass du am Ende doch keine Kinder haben möchtest; die Überraschung, dass du ein Buch schreiben möchtest; die Überraschung, dass du mit dem Malen anfangen willst, obwohl du nicht einmal zeichnen kannst; die Überraschung, dass du nach zehn Jahren dein Priesteramt aufgeben und dich wieder in die Zivilgemeinschaft eingliedern möchtest.

Unser innerer Wachstumshelfer arbeitet daran, uns von verschiedenen Aspekten unseres „Verletztseins" zu befreien, oder, wenn unsere Ego-Bedürfnisse gebändigt werden müssen, daran, uns zu weiterem persönlichen Wachstum und weiterer spiritueller Verwirklichung zu veranlassen. Manchmal schlittern wir in schwierige Situationen hinein – und ich benutze den Ausdruck „hineinschlittern" absichtlich –, weil wir auf einer bestimmten Ebene wissen, dass wir diese Situationen für unsere weitere spirituelle Entwicklung brauchen. Eigentlich klingt es verrückt für uns, dass wir so etwas tun würden, doch in Wirklichkeit rührt es von der Weisheit und Selbstliebe unseres inneren Wachstumshelfers her.

Wenn unser innerer Wachstumshelfer aktiv ist, kann es sein, dass wir eine gewisse Angst spüren, doch diese geht auch mit dem Bedürfnis einher, zu einem bewussteren Menschen zu werden. Und wenn wir der Aufforderung unseres inneren Wachstumshelfers folgen, wird er uns zu einem neuen Zustand von Wachstum und Glück führen.

Unser innerer Wachstumshelfer deutet Bewegung nur an oder suggeriert sie. Er drängt uns nicht. Wir haben immer die Wahl – die komfortable Bank oder der Sog des Unbekannten. Wenn unser innerer Wachstumshelfer am Werk ist und unseren inneren Acker bestellt, stellt sich häufig ein Gefühl von Ambivalenz ein. Darüber hinaus kommt es auch zu einem gewissen Maß an Unzufriedenheit. Erlauben wir ihnen einfach, da zu sein, oder unterdrücken wir sie und hindern uns so daran, ein neues Gewahrsein oder Wachstum irgendeiner Art zu erfahren? Das ist eine äußerst relevante Frage. Je mehr man sich sträubt, zu einem bewussteren Menschen heranzuwachsen, umso wahrscheinlicher ist es, dass man weiter unzufrieden sein wird. Die meisten Menschen, die sich mithilfe der Impulse ihres inneren Wachstumshelfers bewegt haben, sagen, dass es für sie in Wirklichkeit schmerzhafter – und ironischerweise auch beängstigender – ist, sich *nicht* mit der Ursache für ihre innere Unstimmigkeit zu befassen, als kein Risiko einzugehen. Ihre größte Angst ist die Angst vor Stagnation.

Gewöhnlich sind wir dazu angehalten, kleine, stetige, aber herausfordernde Wachstumsschritte zu machen. Wenn wir den Weisungen unseres inneren Wachstumshelfers, kleinere Schritte zu machen, keine Beachtung schenken, häufen sie sich mit der Zeit an. Dann ist er möglicherweise bereit, uns wirklich wachzurütteln und uns mit dem Wesen des Schmerzes bekanntzumachen, wenn dies notwendig ist, um uns aus unserer egoischen, egozentrischen Denkweise heraus- und in unser Herz hineinzukatapultieren.

DAS GLEICHNIS DER ZWEI JUNGEN ADLER

Ich erinnere mich, dass ich von einem Gleichnis gelesen habe, das veranschaulichen kann, wie unser innerer Wachstumshelfer daran arbeitet, uns zum Handeln zu bringen, indem er uns einen Schock versetzt.

Ein ergebener Diener wollte seine Dankbarkeit gegenüber seinem Meister zum Ausdruck bringen, indem er ihm zwei seiner besonderen Schätze, nämlich zwei junge Adler, schenkte. Der Meister freute sich über das Geschenk und wies seinen Diener an, die beiden jungen

Adler auf einem Baum außerhalb seines Hauses zu platzieren, damit er sie jeden Tag sehen konnte.

Innerhalb weniger Tage begann einer der jungen Adler zu fliegen. Es machte dem Meister große Freude, ihn hochfliegen und dann auf den Zweig zurückkehren zu sehen. Der andere Adler flog nicht. Eine ganze Woche verging, doch er saß noch auf demselben Platz auf demselben Zweig.

Als der Diener dies sah, wurde er ärgerlich und suchte seinen Meister auf, um sich dafür zu entschuldigen, dass er ihm einen Adler gegeben hatte, der nicht fliegen wollte. „Ich werde ihn ersetzen, sobald ich kann", gelobte der Diener.

„Unsinn", sagte der Meister „mit dem Adler ist alles in Ordnung." Der Meister, der nur das Beste für den Vogel im Sinn hatte und seine Fähigkeiten kannte, nahm eine Säge aus dem Schuppen und schnitt den Zweig ab, an dem sich der junge Adler festkrallte. Er hob ab und flog fort, sogar noch höher als der andere Adler.

Die meisten von uns sind zu bestimmten Zeiten in ihrem Leben wie der zweite Adler, der sich an seinem bequemen Zweig festhält, aus Angst, das Risiko einzugehen, zu fliegen und ein erfülltes Leben zu führen.

Ich kenne eine Frau, die nach der High School ihre Heimatstadt verließ, zur Universität ging, heiratete, aktiv verschiedene Dinge tat und ihr Leben lang weiter spirituell aktiv war. In einem Sommer fuhr sie in ihre Heimatstadt zurück und ging durch einen Park, in dem sie während ihrer Jugend gespielt hatte. Sie erzählte, dass sie in diesem Park – der sich in den vielen Jahren, in denen sie weg war, nicht wesentlich verändert hatte – dieselben vertrauten Szenen und Gefühle erlebte wie dreißig Jahre zuvor. Da kam ihr ein Gedanke in den Sinn: „Was wäre gewesen, wenn ich nie weggezogen wäre?

Ich hätte darauf beschränkt sein können, nur diesen einen Park zu kennen, während ich im Laufe meines Lebens bereits Hunderte kennengelernt habe." Menschen, die auf ihren inneren Wachstumshelfer reagieren, haben häufig von Vorfällen wie diesem berichtet.

ÜBUNG

Erinnerst du dich an eine Zeit, als du nicht auf den Weckruf deines inneren Wachstumshelfers gehört hast? Wenn ja, was war die Folge davon? Umgekehrt, erinnerst du dich an eine Zeit, als du deinem inneren Wachstumshelfer zugehört hast? Wenn ja, was war die Folge davon?

***

16

ERHEBLICHE HINDERNISSE AUF DEM WEG ZU INNEREM FRIEDEN

DER SCHMERZKÖRPER

Ein wunderbarer Mann, der in einer glücklichen Ehe lebt, ist zutiefst besorgt. Er liebt seine Kinder sehr, kann aber nicht aufhören, sie immer wieder zornig anzuschreien und sich anschließend deshalb schrecklich zu fühlen. Das Letzte, was er tun möchte, ist, seine Kinder zu verletzen oder zu verärgern. Doch ganz gleich, wie sehr er versucht, sie liebevoller zu behandeln, sein zorniges Verhalten dauert an. Dies ist sein Schmerzkörper, der unbewusst agiert.

Einer von Eckhart Tolles wichtigsten Beiträgen als spiritueller Lehrer war, dass er unsere Aufmerksamkeit auf das gerichtet hat, was er den „Schmerzkörper" nennt. Der spirituelle Lehrer Barry Long sprach ebenfalls über den Schmerzkörper.

Ich habe erkannt, dass es noch mehr gibt, was wir über den Schmerzkörper lernen können. Ja, er ist unterdrückter Schmerz und kennt nur Schmerz, sodass er energetisch nur am Leben bleiben und wachsen kann, indem er noch mehr Schmerz erzeugt. Das führt zu vielen Verwirrungen und Problemen. Ich glaube trotzdem, dass er befreit werden möchte, doch er weiß nicht, wie er das machen soll, ohne noch mehr Schmerz für andere zu erzeugen und noch mehr Schmerz für sich selbst anzusammeln. Genau wie dein Körper kontaminierte Lebensmittel, die du zu dir genommen hast, durch Erbrechen von sich geben oder ein Bakterium abschütteln wird, indem er eine ausreichend hohe Temperatur erzeugt, um es zu töten, möchte auch der Schmerzkörper, so glaube ich, von seinem Schmerz befreit werden. Doch die meisten von uns wissen nicht, wie sie ihn unterstützen können, damit er seine schmerzhafte emotionale Energie auflöst oder loslässt.

Der Schmerzkörper besteht aus unterdrücktem, aber noch lebendigem emotionalen Schmerz, der im physischen Körper festgehalten wird. Auch wenn er keine feste Einheit ist, ist er sehr real und ein sehr mächtiges Energiefeld mit der Fähigkeit, schnell unbewussten Schmerz aus unserer Vergangenheit an die Oberfläche zu bringen, und zwar in einer Weise, die uns überwältigen kann, was bedeutet, dass er uns in einen Zustand bringt, in dem wir keine Kontrolle haben.

Wir alle haben einen Schmerzkörper, der aus unterdrücktem emotionalen Schmerz aus unserer Vergangenheit besteht und jeden möglichen Weg sucht, um freigesetzt zu werden. Im Mutterleib und insbesondere in der frühen Kindheit, als wir noch nicht in der Lage waren, zu sprechen, Dinge begrifflich zu erfassen und zu verstehen, warum wir uns manchmal schrecklich fühlten oder außerstande waren, unserem erregten Zustand Ausdruck zu verleihen, konnten wir gar nichts tun. Wir konnten nicht fliehen oder kämpfen, wir konnten lediglich die negativen emotionalen Energieladungen in unserem Körper einfrieren, weil wir in der Welt der Erwachsenen hilflos waren, vor allem gegenüber unseren Eltern und anderen Autoritätspersonen.

Dieser unbewusste unterdrückte emotionale Schmerz häufte sich im Laufe der Zeit an. Als er sich aufbaute und an Energie gewann, wartete er auf einen Katalysator oder „Trigger“, um einen Teil davon an die Oberfläche zu bringen, damit er freigesetzt werden konnte. Doch bevor wir wussten, dass uns das passierte, als der in uns festgehaltene emotionale Schmerz durch eine Person, einen Zwischenfall, ja sogar so etwas wie einen Geruch getriggert wurde, haben wir den auftauchenden Schmerz genommen und ihn auf jemanden oder eine Situation projiziert. Er zeigte sich als zum Ausdruck gebrachter Zorn, als Schuldzuweisung oder als eine Form von Unmut. In solchen Situationen löst unser Schmerzkörper leider nichts von dem von ihm gehaltenen Schmerz auf, sondern erzeugt noch mehr Schmerz – für sich selbst und für andere.

Wir wissen, dass der Schmerzkörper aktiv ist, wenn ein geringfügiger Vorfall eine übertriebene und häufig unberechenbare Reaktion auslöst, gewöhnlich in Form von Zorn oder Attacken. Oder er kann als plötzliches Gefühl von Traurigkeit oder Niedergeschlagenheit zum Ausdruck kommen, für die es keine offensichtliche Ursache gibt.

Jedes Mal, wenn du das Gefühl hattest, dir nicht selbst helfen zu können, und du einfach durchgedreht bist, ist wahrscheinlich dein Schmerzkörper aktiv geworden und hat die Kontrolle übernommen. Du hast nicht wirklich die Kontrolle über die unbewussten Emotionen, die auftauchen – sofern du dir nicht des Schmerzkörpers bewusst bist und beobachten kannst, wann er auftritt.

Stell dir eine Person vor, die einen Wutanfall bekommt, weil der Partner den Geburtstag vergessen hat. Es könnte sein, dass diese Person von einem oder beiden Elternteilen erheblich vernachlässigt wurde, und die Tatsache, dass ihr Geburtstag übergangen wurde, hat den unterdrückten Schmerz getriggert, sich unbedeutend zu fühlen, sogar bis zu dem Punkt, dass sie sich in Gegenwart ihrer Eltern häufig unsichtbar gefühlt hat. Die Person, die den Geburtstag vergessen hat, wird jedoch die Hauptlast des Schmerzkörpers dieser Person tragen müssen.

Oder nimm ein anderes Beispiel, einen Mann, der jeden Tag zur Arbeit ging und sich davor fürchtete, an dem mit Fenstern versehenen Büro seines Chefs vorbeigehen zu müssen, um an seinen Schreibtisch zu kommen. Jedes Mal, wenn er dort vorbeiging, wurde er wütend auf seinen Chef. Natürlich beeinträchtigte das seine Beziehung zu ihm. Doch eines Tages hielt er inne, um sich zu fragen, warum diese negative Reaktion auf seinen Chef anhielt, und das ohne offensichtlichen Grund, denn sein Chef verhielt sich ihm gegenüber nur vernünftig. Hätte er den Schmerzkörper gekannt, hätte er wahrscheinlich sofort gewusst, dass es nicht sein Chef war, den er nicht leiden konnte, sondern dass er, weil ihn die Gesichtszüge seines Chefs an seinen Vater erinnerten, der ihn als Kind verbal missbraucht und herabgesetzt hatte, in Wirklichkeit die unterdrückte Wut gegen seinen Vater auf seinen Chef projizierte. Sobald er dies erkannte, würde sein Unbehagen, am Büro seines Chefs vorbeizugehen, aufhören, und seine Beziehung zu ihm würde positiver.

Da der Schmerzkörper so viel Schaden im Leben der Menschen anrichten kann und befreit werden möchte, gibt es eine Möglichkeit, WIE man ihm helfen kann, sich aufzulösen?

Ja, zunächst einmal, indem du akzeptierst, dass du – wie alle anderen auch – einen Schmerzkörper hast. Sobald du ihn in dir selbst erkannt hast, hast du bereits die Identifikation mit ihm als Person, die du bist, durchbrochen. So schwächst du seine Macht, dich aus dem Gleichgewicht zu bringen. Dann kannst du auch den Schmerzkörper in anderen erkennen, wenn er aktiv ist, und verstehen, dass er nicht mit ihnen gleichzusetzen ist. Wenn wir das begreifen, können wir uns selbst und andere besser verstehen und ihnen leichter verzeihen.

Sei wachsam, und nimm wahr, wenn dein Schmerzkörper aktiviert wird, und frage dich: „Wann habe ich diesen emotionalen Schmerz zuletzt gefühlt und überreagiert?“ Dann frage dich: „Wann habe ich diesen emotionalen Schmerz zum ersten Mal gefühlt?“ Du kannst dich vielleicht nicht mehr an das erste Mal erinnern und wirst wahrscheinlich seine Quelle nicht mehr identifizieren können. Doch allein dadurch, dass du diese Fragen stellst, gibst du deinem Unterbewusstsein Gelegenheit, für dich zu antworten. Du kannst dir der Antwort bewusst sein, wenn sie kommt oder eben nicht kommt. Du musst es nicht sein. Du wirst wissen, dass es ein gewisses Maß an Befreiung an der Wurzel dieses Schmerzes gibt, wenn du nicht länger auf diese bestimmte Situation oder diesen Auslöser reagierst, so wie du es in der Vergangenheit getan hast.

Sei der stille Beobachter der negativen Emotion aus dem Schmerzkörper, die in dir aufsteigt, bevor sie zu einem Gedanken wird, der ihren Ausdruck rechtfertigt. Identifiziere sie als solche, und versuche, ihr keinen freien Lauf zu lassen, um sich auszuleben. Auf diese Weise versuchst du, den Schmerzkörper zu erwischen, bevor er Schaden anrichtet. Zuerst bist du vielleicht nicht erfolgreich darin und kannst nur die Folgen des Schadens beobachten, den er in dir und anderen angerichtet hat. Als Nächstes bist du dann vielleicht in der Lage, den Schmerzkörper zu beobachten, wenn er beginnt, durch dich zu handeln, und ihn schon am Anfang oder in der Mitte seines Ausdrucks zu stoppen. So fängst du an, ihn aufzulösen.

Indem du die persönliche Identifikation mit dem Schmerzkörper durchbrichst und ihn beobachtest, wenn er auftaucht, unterdrückst du ihn nicht weiter, sondern hilfst ihm, sich zu befreien. Als Nächstes bleibe im gegenwärtigen Moment und gehe in die Stille, wenn du fühlst, dass der Schmerzkörper aktiv zu werden beginnt. Der Schmerzkörper stammt aus der gehaltenen Vergangenheit in dir. Vergangenheit und Gegenwart können in deinem Bewusstsein nicht gleichzeitig existieren. Und in der Stille kann dich kein emotionaler oder seelischer Schmerz berühren. Nimm vor allem den vormals unbewussten Schmerz in dir in einem Zustand von Präsenz an. Gehe jedoch nicht ins Denken. Bleibe bei der Empfindung, ganz gleich, wie unangenehm sie sich anfühlt, und bringe die Bewusstseinsenergie dann in den inneren Körper zu dem Schmerz, den du fühlst, und halte ihn in den Armen deiner Präsenz. Halte die im gesamten Körper gefühlte Aufmerksamkeit im Jetzt. Halte die unangenehme Energie. Halte sie. Halte sie, als würdest du ein unschuldiges Baby in deinen Händen halten und dich weigern, es fallen zu lassen. Halte den Schmerz, bis er durch die Kraft deiner Präsenz freigesetzt wird. Dies ist eine kraftvolle Praxis, und es könnte einige Zeit dauern, bis du sie beherrschst. Bleibe dabei. Jedes Mal, wenn du die unangenehme Energie des Schmerzkörpers spürst und sie in deiner Präsenz hältst, und sei es anfangs nur für kurze Zeit, trägst du dazu bei, dass sie reduziert, neutralisiert oder in Frieden verwandelt wird.

DER KOLLEKTIVE SCHMERZKÖRPER

Es gibt auch einen kollektiven Schmerzkörper, der aus dem unterdrückten emotionalen Schmerz besteht, der sich im Laufe der Zeit in Gemeinschaften wie Familien, Städten, Ländern oder auch bei Mutter Erde selbst angehäuft hat. Der kollektive Schmerzkörper hat eine Bandbreite von recht leicht bis sehr schwer. Frage einfach jemanden, wie er sich gefühlt hat, als er irgendein Haus betreten hat oder in irgendeinem Land aus dem Flugzeug gestiegen ist, und er wird entweder von einer Leichtigkeit des Seins, einem Gefühl von Neutralität oder einer Schwere sprechen, die ihn niederdrückt.

Aufgrund unseres Einsseins werden wir alle vom kollektiven Schmerzkörper beeinflusst. Das kann nicht oft genug wiederholt werden. Wenn ein Mensch leidet, leiden wir alle bis zu einem gewissen Grad. Wenn es zu einem Amoklauf in London kommt, zu einem terroristischen Anschlag in Frankreich, einer Hungersnot in Afrika, vernichtenden Flutkatastrophen, Erdbeben, Tsunamis, Waldbränden oder Menschenleben zerstörenden Epidemien – wo immer sie sich auf der Erde ereignen –, dann fühlen wir alle bis zu einem gewissen Grad den Schmerz, der von jenen in unserer menschlichen Familie erfahren wird, die direkt unter den Folgen leiden. Je nachdem, wie offen und sensibel wir sind, können wir diesen Schmerz manchmal deutlich spüren.

Meistens sind wir uns jedoch nicht bewusst, dass die Tatsache, warum wir uns – scheinbar ohne persönlichen Grund – traurig, ängstlich oder niedergeschlagen fühlen, damit zusammenhängen kann, dass wir unseren individuellen Anteil am kollektiven Schmerzkörper aufnehmen. Es ist eine weise Übung, zu versuchen herauszufinden, ob der emotionale Schmerz, den wir zu irgendeiner Zeit erfahren, aus unserem persönlichen oder aus dem kollektiven Schmerzkörper kommt.

WIE können wir mit dem kollektiven Schmerzkörper umgehen? Indem wir ihn als solchen anerkennen und unseren leidenden Mitmenschen unsere Liebe, unser Mitgefühl und unsere Gebete schicken. Darüber hinaus können wir widerstandslos akzeptieren, dass Leiden zum jetzigen Zeitpunkt noch Teil unserer menschlichen Erfahrung ist. Denk daran, dass wir, da wir in unserem Einssein vom Schmerz unserer Brüder und Schwestern berührt sind, aus demselben Grund auch fähig sind, Heilung für sie zu bewirken.

ES FÜHLEN, UM ES ZU HEILEN

Außer, dass wir an unterdrücktem emotionalen Schmerz aus unserer Vergangenheit festhalten, halten wir auch Schmerz aus unbewältigter oder nicht voll ausgedrückter Angst, Wut und Trauer.

Eine Frau erklärte, dass sie auf einen anderen Fahrer, der sie fast umgefahren hätte, so wütend wurde, dass die Heftigkeit ihrer Wut sie schockierte. Als einfühlsame Expertin in der alternativen Gesundheitsindustrie fragte sie: „Habe ich wirklich eine so heftige Wut in mir?“ Die Antwort lautet natürlich „ja“, denn wenn sie sie nicht in sich hätte, könnte sie sie nicht zum Ausdruck bringen.

Viele von uns sind wie diese Frau, die sich nie sicher genug fühlte, um aufrichtige Wut auszudrücken, sogar auf eine Weise, die niemanden verletzen konnte. Als wir Kinder waren, hat man uns nicht erlaubt, wütend auf unsere Eltern, unsere Lehrer, auf Ältere und Autoritätspersonen zu werden. Hätten wir es getan, hätten wir die Konsequenzen tragen müssen. Man gibt uns zwar oftmals die „Erlaubnis“, einige unserer Emotionen gegenüber anderen oder in der Öffentlichkeit auszudrücken, das gilt jedoch nicht für Wut. Die von mir erwähnte Frau, die fast von einem Auto überfahren worden wäre, hatte große Angst um ihr Leben, und diese Angst äußerte sich in Form von Wut, was sie selber sehr überraschte.

Jeder geht auf seine einzigartige Weise durch den Trauerprozess, und dieser wird so lange dauern, wie er eben dauert. Eine Bekannte von mir, die ihren geliebten Ehemann verloren hatte, schien auf ruhige und ausgeglichene Weise zu trauern. Als ich sie darauf hinwies, sagte sie mir, dass das nicht der Fall sei, sie gehe oft in ihr Auto, verriegelt die Türen und schreit ihre Wut oder Trauer hinaus, damit niemand sie hören könne. Sie musste ihren Schmerz irgendwie herauslassen, und ein sicherer Weg, dies zu tun, ohne andere zu verletzen oder herabzusetzen, war der, ihre Trauer für sich allein zu verarbeiten, indem sie sie in Worte fasste, sie herausschrie oder sich ausweinte.

In unserer schnelllebigen Welt, die hohe Anforderungen an uns stellt, nehmen sich viele von uns nicht die Zeit, den Trauerprozess vollständig zu durchleben, wenn sie einen ihnen nahestehenden Menschen verlieren. Ja, wir erkennen unsere Trauer an, legen sie dann aber, so gut es geht, zur Seite, um mit den Anforderungen unseres Lebens weiterzumachen. Häufig unterdrücken wir die Trauer bewusst, weil sie sich zu schmerzhaft anfühlt und uns dabei stört, mit unserem Leben weiterzumachen. Nicht ausgedrückte Trauer lebt jedoch im Energiekörper fort und führt letztlich zu Ungleichgewichten in unserer physischen, emotionalen oder psychischen Verfassung.

TRAUMATA

Traumata jeder Art – sei es ein Autounfall, ein überraschender, tiefgehender Verrat, eine Kriegserfahrung, die Beobachtung einer abscheulichen Tat, eine Schikane, eine Gehirnerschütterung, vorgeburtliches oder frühkindliches Trauma und so weiter – erschüttern unseren Körper und unser ganzes Wesen so sehr, dass wir das Trauma zu der Zeit, in der es auftritt, nicht wahrnehmen können. Das führt zu einem Ungleichgewicht und zu Verletzlichkeit in uns.

Traumata beeinflussen unseren Mental-, Emotional- und physischen Körper bis in jede einzelne Zelle hinein. Unser Wesen möchte sich von diesem Ungleichgewicht befreien. Wenn Tiere in der Wildnis Traumata erleben, schütteln sie im wahrsten Sinne des Wortes die Energie von Angst – von Kampf oder Flucht – ab, sobald die Gefahr vorüber ist. Wir haben zahlreiche Beispiele dafür persönlich oder im Fernsehen gesehen. Aber WIE können wir das Trauma abschütteln? Wenn wir nicht imstande waren, es physisch zu der Zeit abzuschütteln, als wir das traumatische Erlebnis hatten, versucht der Körper später, es für uns abzuschütteln. Wir fangen buchstäblich an zu zittern, ohne dass es einen Grund dafür zu geben scheint: Unsere Hände zittern, unsere Augen zucken, unsere Beine zittern, wir fühlen uns schwindlig. Diese an die Oberfläche kommende Energie wird im Körper normalerweise als unangenehme Energie, als eine Art Schwingung empfunden. Viele spüren sie im Magen und im

Solarplexus, doch sie kann auch in anderen Teilen unseres Körpers zum Vorschein kommen.

Wenn wir uns nicht gewahr sind, was mit uns geschieht, werden wir verwirrt, verärgert, ja alarmiert sein. Der jüngst dafür geprägte medizinische Begriff lautet „Körperangst". Peter Levine hat zukunftsweisende Forschungen im Bereich der somatischen Heilung durchgeführt, was bedeutet, das Nervensystem nach einem traumatischen Erlebnis zu heilen. Er bietet viele hilfreiche Übungen an, um Trauma aus dem Körper zu befreien. Auf seine beiden Hauptwerke in diesem Bereich wird im Abschnitt über Literaturempfehlungen am Ende dieses Buchs verwiesen.

17

VERGEBUNG SCHAFFT FRIEDEN

Vergebung führt zu Mitgefühl und bringt uns das Geschenk des Friedens. Nicht-Vergebung ist eine Form von Rache oder Heimzahlen, die anderen und uns selbst nur Schmerz bereitet. Versucht nicht, es jemandem mit gleicher Münze heimzuzahlen. Die Verletzung zu transformieren und verständnisvoll und gütig darauf zu reagieren wird ein Segen für alle Beteiligten sein, auch wenn derjenige, der als Täter gilt, es zu jener Zeit vielleicht nicht erkennt.

Was für eine Weisheit wir doch im Nachhinein haben! Als wir heranwuchsen, neigten wir dazu, viele „Fehler" zu machen. Doch als Erwachsene haben wir den Vorteil, dass wir sozusagen in den Rückspiegel schauen können. Meistens erkennen wir, dass diese „Fehler" entscheidend für unsere Entwicklung waren. Vor dem Hintergrund unserer Entwicklung als Menschen bekommen die Dinge, die wir Fehler nennen, eine neue Bedeutung. Sie werden häufig zu verborgenen Geschenken, die ausgepackt und untersucht werden wollen. Zeiten, in denen wir das Ziel verfehlen und anschließend Schuld und Bedauern empfinden, sind Gelegenheiten, für die wir dankbar sein können, da sie uns auf Bereiche unseres Lebens aufmerksam machen, in denen wir noch Heilung benötigen oder die liebevolle Person zum Ausdruck bringen sollen, die wir in Wirklichkeit sind.

Bitte deinen inneren Wissenden, dir zu zeigen, wo in deinem Leben du dir selbst und anderen Liebe vorenthältst. Dann beobachte, was auftaucht, wenn sich dein Bewusstsein erweitert, nicht nur aus deinem Innern, sondern auch in den Umständen deiner äußeren Erfahrungen. Du wirst sehen, dass die Situationen, in denen du dich befindest, dir genau die Bereiche deines Lebens widerspiegeln, in denen deine Liebe aufgeblüht ist, und andere Bereiche, in denen sie dies noch tun muss.

Ein weitverbreiteter Irrtum ist, dass man, wenn man einem anderen vergibt, deshalb irgendwie besser ist als jene Person. Ja, die andere Person ist immer noch „schuldig", aber wir waren imstande, ihr trotzdem zu verzeihen. Dies ist eine weitere Form, wie das Ego Trennung fördert, indem es sich überlegen fühlt. Wir alle brauchen hin und wieder Vergebung. Wir alle vermasseln Dinge, da wir auf der menschlichen Ebene nicht ohne Fehler sind.

Wir erkennen, dass die zahlreichen Fehler, die wir machen, uns lehren, beim nächsten Mal authentisch, verantwortlich und integer zu handeln. Von einem evolutionären Standpunkt aus hat es nie eine Zeit gegeben, in der die Individuen und die Welt fehlerlos waren. Im Gegenteil, die Evolution schreitet voran, indem sie die Fehlerhaften zu weniger Fehlerhaften macht. Wenn wir auf der persönlichen und gesellschaftlichen Ebene durch die von uns getroffenen Entscheidungen schlimm genug verletzt sind, wollen wir am Ende nicht länger verletzt werden oder andere verletzen und fangen an, bessere Entscheidungen zu treffen.

Als der Meister Jesus gefragt wurde, wie oft man verzeihen sollte, entgegnete er: „Nicht *siebenmal*, sondern *siebenundsiebzigmal*", was bedeutet: „unaufhörlich".[34] Er hatte verstanden, dass wir und andere ihre Berufung durch Versuch und Irrtum finden und dass wir alle manchmal schlechte Entscheidungen treffen, häufig sogar unzählige

---

34 Matthäus 18,22, in: Die Bibel, a. a. O.

Male, bis wir entdecken, welche Vorzüge es hat, verantwortungsbewusster zu werden.

Ganz gleich, wie oft wir schmerzhafte Situationen für uns selbst und andere schaffen, es gibt nichts, wofür Ausgleich geschaffen werden müsste. Es gibt nur das Selbst, das eine Person oder Situation einschließt, der wir unsere Liebe vollständiger geben müssen, als wir es bislang vermochten.

Dennoch gibt es einen Aspekt von Vergebung, der uns ermutigt, uns unserem Bruder oder unserer Schwester zuzuwenden und unserem Wunsch nach Vergebung Ausdruck zu verleihen. Das ist wunderschön. Wir wollen sagen: „Ich hätte gerne eine andere Gelegenheit, um dir zu zeigen, was für ein liebevoller Mensch ich in Wirklichkeit bin, weil ich dir das bisher noch nicht gezeigt habe." Also greifen wir zum Hörer oder kaufen einen Blumenstrauß, auf dem „Verzeih mir" geschrieben steht, und leisten, wenn möglich, Wiedergutmachung. Das bedeutet nicht, vermeintliches Unrecht „ungeschehen zu machen", sondern einfach weiterzumachen, indem wir die Liebe zum Ausdruck bringen, die unsere wahre Natur ist.

Auf diese Weise kannst du verzeihen, aber nicht unbedingt eine Beziehung neu aufbauen. Eine Frau beschloss vor längerer Zeit, sich von ihren beiden Tanten zu trennen, da sie voller Urteile und Negativität waren. Jahre später fand sie überraschend eine Karte in der Post, in der eine von ihnen sie um Verzeihung bat. In Wirklichkeit konnte sie sich nicht an die Details dessen erinnern, was die Tanten gesagt hatten und was sie veranlasst hatte, sich von ihrer Energie wegzubewegen. Sie antwortete mit einer Karte, in der sie schrieb, dass sie sich an nichts erinnern könne, was verziehen werden müsste, würde ihnen jedoch gerne vergeben, falls sie das Gefühl hätten, dies hören zu müssen.

Es war offensichtlich, dass die Tanten die Beziehung zu ihr wiederherstellen wollten. Ihre Nichte wusste, dass es für sie nicht passend war, in die Beziehung zurückzugehen. Ihr innerer Wissender sagte ihr, dass es nicht authentisch und daher auch in spiritueller Hinsicht nicht integer gewesen wäre, eine Einladung für ein Treffen an ihre Tanten auszusprechen. Vergebung wird auf einer höheren Ebene gewährt und empfangen als im Rahmen eines menschlichen Dramas. Ob zwei Menschen unter Führung ihres inneren Wissenden in Betracht ziehen, eine Beziehung wiederherstellen, ist dann Entscheidungssache.

Ob eine Beziehung nun wiederhergestellt wird oder nicht, gegenseitige Vergebung ist ein großes Geschenk für unsere Brüder und Schwestern, da jeder von uns mit dem Gefühl gesegnet ist, zum Wohle jedes Einzelnen auf dieser evolutionären Reise beitragen zu wollen.

WARUM ES SO SCHWER IST, UNS SELBST ZU VERGEBEN

Die meisten von uns finden es leichter, anderen zu vergeben als sich selbst. Das liegt daran, dass das Urteil anderer über uns immer noch Selbstzweifel bei uns auslösen kann oder es aus dem Säuglingsalter, der frühen Kindheit oder sogar vergangenen Leben tief in unserem Unterbewusstsein verankert ist. Was ist der Ursprung solcher Selbstverurteilungen? Häufig sind es die Stimmen dieser „äußeren" Kritiker, die wir verinnerlicht haben. Deshalb finden wir es auch schwierig, uns selbst bedingungslos zu lieben.

In seinem Werk *Die Kraft gelebter Gegenwart* weist Michael Brown darauf hin, dass wir bedingungslose Liebe sind, die in eine bedingte Welt hineingeboren wurde, die uns bedingungslose Liebe vorenthält. Dies lässt uns glauben, wir seien gebrochen, nicht gut genug, unwürdig, ja sogar schlecht. Glaubten wir dies nicht, würden wir selbstverständlich Selbstliebe erfahren.

Bedingungslose Liebe bei anderen zu suchen ist, wie frischen Wind in den Tiefen des Ozeans zu suchen, sagt Michael Brown. Er fügt hinzu, dass „wir, wenn wir frischen Wind in den Tiefen des Ozeans erfahren möchten, uns besser vergewissern sollten, dass wir ihn selbst dorthin schaffen“[35]. Wie können wir bedingungslose Liebe in einer bedingten Welt finden? Michael Brown sagt uns, wir müssen sie uns selbst geben und sie so lange weitergeben, bis die Selbstliebe überwiegt. Das heißt nicht, dass wir narzisstisch sind. Es ist vielmehr eine Voraussetzung für die bedingungslose Liebe anderen gegenüber, weil diese mit der bedingungslosen Liebe zu uns selbst beginnt.

Wir finden es auch schwierig, uns selbst zu verzeihen, weil dies bedeuten würde, die Art von egoischem Denken fallen zu lassen, das uns sagt, wir sollten es besser machen, während es uns in Wirklichkeit anfällig für die negative Energie der Selbstverurteilung macht. Unser konditionierter Verstand sagt: „Du musst ein guter Mensch sein. Du musst perfekt sein, um liebenswert zu sein und geliebt zu werden. Wenn du gut bist, wirst du sicher sein.“ Natürlich fühlen wir uns unsicher, sobald wir nicht perfekt sind. Wir lassen uns von Angst leiten. Es kann sein, dass wir Angst vor Bestrafung haben oder einfach ohne besonderen Grund Angst haben. Solange uns der egoische Verstand in den Klauen der Angst hält, können wir uns selbst nicht bedingungslos lieben.

Eine unserer größten Ängste besteht darin, von unserem egoischen Selbst geprügelt zu werden. Selbstkritik hält die Stärke des bestrafenden Egos aufrecht, da sie uns in einem Zustand von Schwäche und Angst festhält. Je öfter wir ein negatives Verhalten wiederholen und uns nach jedem „Fehltritt“ weiter bestrafen, umso schlechter fühlen wir uns und umso wahrscheinlicher werden wir es wiederholen, um

35 Michael Brown, Die Kraft gelebter Gegenwart, Goldmann, München 2012.

unser geringes Selbstwertgefühl zu bekräftigen. Uns selbst zu bestrafen wird das negative Verhalten nur weiter begünstigen. Das ist der sprichwörtliche Teufelskreis.

Die meisten Selbstverurteilungen sind irrational. Höre einfach mal deinen Selbstgesprächen zu diesem Thema zu, und du wirst sehen, wie absolut unproduktiv sie sind. Warum tun wir das? Aus unserer irrationalen Selbstverurteilung und dem sie begleitenden Mangel an Selbstvergebung kreieren wir einen Großteil unseres inneren Dramas. Negative Selbstgespräche nähren das Drama. Wenn sie aufhören, fühlen wir uns ruhiger, unser Drama verschwindet und schafft Raum für inneren Frieden. Natürlich wird das Ego kämpfen, um dies zu verhindern, da das Drama ein Ablenkungsmanöver ist, das uns daran hindert, aus unserem authentischen Selbst zu kommen. Das ist ein weiterer Grund, warum es normalerweise leichter ist, anderen zu vergeben als uns selbst. Wenn wir auf andere schauen, hören wir das selbstverurteilende mentale Geplapper nicht, das sich in unserem Kopf abspielt.

Doch was am wichtigsten ist: Wenn wir uns selbst verurteilen und kritisieren, wissen wir noch nicht, wer wir wirklich sind – Erweiterungen unserer wahren Quelle und schon jetzt und immer vollkommen.

ABER DU HAST MICH VERLETZT

Wir können anderen vergeben, wenn wir erkennen, dass sie uns früher deshalb durch Gefühllosigkeit, Grausamkeit, Im-Stich-Lassen oder Verrat Schmerz zugefügt haben, weil sie noch nicht bereit waren, aus liebevollem Bewusstsein heraus zu handeln. Das macht es dann auch leichter, uns selbst zu verzeihen, denn wenn wir einen anderen verletzen, erkennen auch wir, dass wir nicht aus einem solchen liebevollen Bewusstsein heraus handeln. Folglich haben wir alle das Beste getan, das wir aus unserer Bewusstseinsebene heraus zu jener Zeit tun konnten. Wenn wir dann bereit sind, anderen und uns selbst zu verzeihen, ist das ein Hinweis darauf, dass unser Bewusstsein gewachsen ist. Feiere das.

Im Folgenden wird verdeutlicht, warum wir verzeihen müssen und uns verziehen werden muss. Es fördert auch das Gefühl, dass wir gleich sind, und bringt uns daher der Erkenntnis unseres Einsseins näher.

„AUCH ICH"

In Unbewusstheit:

Du hast mich angelogen. Auch ich habe andere angelogen.

Du hast mich im Stich gelassen. Auch ich habe andere im Stich gelassen.

Du hast mich enttäuscht. Auch ich habe andere enttäuscht.

Du hast mich verletzt. Auch ich habe andere verletzt.

Du hast mein Vertrauen enttäuscht. Auch ich habe das Vertrauen anderer enttäuscht.

Du hast meine Gefühle missachtet. Auch ich habe die Gefühle anderer missachtet.

Ich vergebe dir. Würdest du mir bitte auch vergeben, wenn ich dir irgendetwas von den Dingen oben angetan habe?

ÜBUNG

Nun denke an jemanden, dem du nur schwer vergeben kannst, und schreibe auf der Grundlage deiner Beziehung zu dieser Person dein eigenes „Auch Ich"-Gebet.

Du hast ________________________________. Auch ich habe ____________________________.

Mache mit deinen Einträgen weiter, bis du das Gefühl hast, zum Abschluss gekommen zu sein.

Dann füge am Ende hinzu: „Ich vergebe dir, würdest du mir bitte auch vergeben? Wenn du mir nicht vergeben kannst, dann vergebe ich mir trotzdem."

ÜBUNG

Wir müssen anfangen, anderen zu vergeben; wie oben dargelegt, ist es leichter, anderen zu vergeben als uns selbst.

Lass dies unser Gebet sein:

> „Ich vergebe jemandem, der mich damals aus seiner Unbewusstheit heraus verletzt hat." Dann atme tief ein, und wenn du ausatmest, sage dir: „Ich lasse jetzt die negative Energie, die dies umgibt, los."

Dann tue dasselbe in Bezug darauf, dir selbst für jeden Schmerz zu vergeben, den du anderen durch deine Unbewusstheit zu diesem Zeitpunkt zugefügt hast.

***

Genauso, wie man uns gesagt hat, wir müssten „siebenundsiebzigmal" vergeben, müssen wir dieses Gebet, bei dem wir anderen und uns selbst vergeben, möglicherweise viele Male sprechen, bis wir die Last von Schuldzuweisung und Schuld fallen gelassen haben und den Frieden spüren, der daraus folgen wird.

VERGEBUNG VON EINER HÖHEREN EBENE AUS BETRACHTEN

Unser wahres Selbst fällt keine Urteile. Vergebung sollte leicht fließen, weil es letzten Endes nichts zu verzeihen gibt. Es gibt nur ein

Selbst, das in einer Vielzahl von Ausdrucksformen menschliche Form annimmt und sich entscheidet, den chaotischen Prozess zu durchleben, zu einem Verständnis dessen zu gelangen, wer wir wirklich sind. Als Menschen machen wir alle Fehler.

Wir vergeben, indem wir die Illusion der Getrenntheit von unserer Quelle durchschauen und erkennen, dass wir alle in unserem wahren Selbst perfekte Ausdrucksformen unserer Quelle sind. Da wir alle eins sind, gib es keinen „anderen“, dem man die Schuld geben könnte.

18

WEITERE HINDERNISSE AUF DEM WEG ZU INNEREM FRIEDEN

„Gestern war ich schlau, also wollte ich die Welt verändern. Heute bin ich weise, also verändere ich mich selbst."

Rumi

OPFER FINDEN KEINEN FRIEDEN

Wenn wir uns für Opfer halten, gesunden wir nie. Da wir Dinge so sehen, als kämen sie von außerhalb unserer selbst zu uns, nehmen wir uns als jemanden wahr, der wenig Kontrolle darüber hat, was uns passiert. Das erzeugt Angst und führt dazu, dass wir Gefühle von Hilflosigkeit erfahren und uns dazu animiert fühlen, jemandem oder etwas anderem die Schuld dafür zu geben.

Indem wir unsere Macht an andere und an äußere Umstände weggeben, schneiden wir uns von dem einzigen wirklichen Mittel der Heilung und der einzigen Möglichkeit ab, unsere Erfahrungen zu verändern, die in uns selbst zu finden sind. Und so bleiben wir Opfer.

Die Ursache dafür, sich als Opfer zu fühlen, liegt nicht in dem begründet, was uns von außerhalb unserer selbst passiert, sondern darin, dass wir uns nicht wirklich kennen und in der Lage sind, uns selbst unter allen Umständen zu lieben. Ich habe Zeit mit einem Reiki-Meister verbracht. Für ihn bedeutete Erleuchtung, dass wir uns selbst liebevoll behandeln und uns sogar in unseren dunkelsten Momenten lieben. Wie tiefgehend! Selbstliebe ist nicht nur ein großer Heiler, sondern ein Hinweis darauf, dass wir wissen, wer wir wirklich sind.

Deine Opfermentalität loszuwerden beinhaltet, mit dir selbst zu sein und dir zu erlauben, deine eigene Liebe zu fühlen – unabhängig davon, was dir passiert sein könnte oder gerade passiert. Es beinhaltet, die Liebe zu fühlen, die du bist, in allen Dimensionen deines Wesens, insbesondere in jenen, die du gerne verleugnest.

Wenn wir anfangen, unser wahres Selbst anzunehmen, und uns erlauben, die bedingungslose Liebe zu fühlen, die unsere wahre Essenz ist, dann stellen wir fest, dass wir nicht von unserer Quelle getrennt und es auch nie gewesen sind.

Ja, ich höre dich. Du bist ungerecht behandelt und zu Unrecht verletzt worden. Doch dein wahres Selbst kann nicht verletzt werden. Du hast jetzt die Möglichkeit, dich für Gerechtigkeit einzusetzen und vielleicht sogar so weit zu gehen, anderen zu helfen, die dieselbe Art von Verletzung erfahren haben wie du. Damit du das Gefühl, Opfer zu sein, überwinden kannst, ist es erforderlich, dass du dich nicht länger zurückziehst, sondern aktiv nach vorne schaust und tust, was du kannst, um zu heilen.

Die gute Nachricht ist, dass du dich jederzeit wieder neu entscheiden kannst. Wenn du etwas von dem, das du erlebt hast oder weiterhin erlebst, nicht magst, dann kannst du es ändern oder zumindest deine Wahrnehmung davon. So heilen wir uns und unsere Welt, da die

Welt der Form und das, was wir erleben, ein veräußerlichtes Bild unserer inneren, selbst geschaffenen Realität ist.

ÜBUNG

Bevor du morgens aufstehst, gehe in den inneren Körper, indem du absichtlich die darin enthaltene Bewusstseinsenergie entfachst. Das kann bis zu einer Minute dauern. Dann sei einfach mit dem, der du wirklich bist. Lass deine Rollen, deine Geschichte, deine Vorstellung von deinem Körper und so weiter los. Lass alles los. Fühle in deine Essenz hinein. Richte deinen Fokus bewusst auf dein Herzzentrum und fühle die Wärme der Liebe in dir. Nun atme die Liebe, die du bist, aus deinem Herzzentrum ein und aus. Daran ist kein Denken beteiligt, nur die Intention, die Liebe zu fühlen, die du bist.

***

URTEILEN BRINGT UNS KEINEN FRIEDEN

Wenn wir urteilen, übernimmt das Ego die Führung, sodass wir uns mehr oder weniger als jemand anderes fühlen. Wie bereits gesagt, im höheren Bewusstsein ist kein Platz für Urteile. Sämtliche Urteile entstammen im Wesentlichen dem irrigen Glauben, dass wir getrennte Wesen sind, uns vor anderen Menschen, schwierigen Situationen und schmerzhaften Erfahrungen schützen müssen, weil wir uns als anfällig für Angriffe von äußeren Kräften ansehen – seien sie nun real oder imaginär. Wir sind zur Überzeugung gelangt, dass am Leben zu sein an sich bedeute, gefährdet für Attacken von „da draußen“ zu sein. Was wir in Wirklichkeit getan haben, als wir diesen Schluss zogen, ist, das Leben selbst als bedrohlich und als etwas anzusehen, das es zu fürchten gilt. Und das ist die Art von Welt, die wir erschaffen haben. Wenn wir nicht an die gütigen, liebevollen und unterstützenden Eigenschaften des Lebens glauben, schränken wir unsere Fähigkeit, das Leben als solches zu erfahren, erheblich ein.

Urteile sind so sehr in das Geflecht unseres Lebens verwoben, dass wir uns häufig nicht bewusst sind, dass wir urteilen. Es scheint nichts zu geben, was unserem Urteil entgeht – weder Menschen noch unser Selbst, Situationen oder Erfahrungen.

Wenn du beim nächsten Mal die Straße entlanggehst, nimm wahr, wie oft du Menschen beurteilst, denen du nur durch deine äußeren Sinne begegnest. „Gott, ist die fett. Er muss mal zum Friseur. Dieser einsame, arme Mann. Netter Anzug, der muss reich sein." Wenn wir urteilen, bedeutet es, dass wir etwas in unserem Leben nicht haben wollen, weil wir *glauben*, es würde nicht zu unseren Wünschen oder Erwartungen passen. Da das Ego fortwährend nicht glücklich mit den gegebenen Dingen ist und es immer mehr oder anderes will und braucht, nehmen wir ihm einen Teil seiner „Nahrung" weg, wenn wir mit dem Urteilen aufhören.

Urteilen bedeutet, dass wir Widerstand leisten oder neidisch sind, was die Tür dafür verschließt, Segnungen oder Unterstützung von der Person, die wir beurteilen, bekommen zu können. Sich eines Urteils zu enthalten öffnet die Tür für Wertschätzung. Wenn wir nur eine Brotkruste zu essen haben, dann können wir sie als nicht ausreichend beurteilen oder sie anerkennend und voller Dankbarkeit verzehren und sie so in ein Festmahl verwandeln. Wenn wir die Tatsache bedauern, dass wir nur drei Dollar in der Tasche haben, warum sollte uns unser wahres Selbst dann zehn geben? Akzeptanz, Wertschätzung und Dankbarkeit öffnen die Schleusen dafür, dass die Fülle unseres wahren Selbst in unser Leben fließen kann.

Wir sind nie glücklich, wenn wir einen anderen beurteilen, da uns Urteile von unseren Brüdern und Schwestern trennen und uns überlegen machen und den anderen unterlegen, oder umgekehrt. Wenn wir andere beurteilen, sagen wir eigentlich, dass wir recht haben und sie unrecht. Dies ist eine Aktivität des Egos und nicht eine unseres liebenden Selbst. Sie begünstigt Trennung durch Distanzierung oder Zurückweisung. Wir können nie vollständig in Frieden sein, wenn wir einen anderen aus unserem Herzen verbannt haben. Wenn wir uns mit unserem falschen, egoischen Selbst identifizieren, glauben wir, dass wir uns selbst dadurch, dass wir andere durch unsere Urteile angreifen, stärker und weniger angreifbar machen könnten. Doch das ist eine Illusion.

Urteile isolieren und verzerren, da sie nie das Ganze sehen und folglich das Gute an dem Menschen oder der beurteilten Situation verkennen. Das trifft auch dann zu, wenn wir uns selbst verurteilen. Wie oft haben wir, wenn jemand nur ein einziges negatives Urteil über uns gefällt hat, erlebt, dass dieses geäußerte Urteil unser gesamtes Selbstverständnis für eine gewisse Zeit geprägt hat – selbst wenn wir wussten, dass es nicht gerechtfertigt war. Das ist alles, was wir zu jener Zeit sehen konnten, und wir haben vergessen, dass wir nicht das sind, was Menschen über uns sagen. Das urteilende Ego anderer kann uns in einen Zustand bringen, in dem wir die Großartigkeit unseres wahren Selbst vergessen. Wenn wir in diese Falle tappen, erlauben wir es dem kritisierenden Ego eines anderen, unser verletzliches Selbstgefühl, das auf ihrem Ego basiert, negativ zu beeinflussen.

Wenn wir eine Situation verurteilen, weil sie uns stört, dann stellen wir erneut fest, dass wir in den Händen des Egos sind. Natürlich gibt es Fakten. Und es gibt gesunde Vorsicht, beispielsweise dann, wenn wir das Gefühl haben, dass ein Ort nicht sicher ist, oder in Gegenwart einer höchst negativen oder Energie raubenden Person, die man eigentlich meiden sollte.

Doch was ist, wenn ich Schmerzen im Bein habe? Sollte ich diese Situation segnen und dankbar dafür sein?

In jeder schmerzlichen oder verstörenden Situation ist die liebevollste Reaktion diejenige, die Situation zu akzeptieren, weil uns das davon abhält, in egoische Angst zu verfallen. Noch einmal, wie bereits in einem früheren Kapitel festgestellt: Akzeptanz ist weder Resignation noch Untätigkeit, sondern eine Möglichkeit, ein friedlicheres Leben zu führen, während wir uns mit dem Fluss des Lebens bewegen – mit dem, was immer das Leben für uns zu jener Zeit bereithält.

Und was ist, wenn sich eine Tragödie ereignet?

Ah, das ist die Bewährungsprobe, die zeigt, ob wir wirklich zum Bewusstsein unserer wahren Natur gelangt sind. Wenn wir durch die Tragödie hindurch auf den darunterliegenden größeren Plan des Einen Selbst sehen können – wenn wir wirklich glauben, dass alles Liebe ist –, dann werden wir Liebe, und nur Liebe, erfahren. Wir werden Beistand bekommen und das Gute in der Tragödie erfahren. Dies ist der Schatz, der unter dem Schmerz begraben ist. Und dies ist der Grund dafür, dass wir normalerweise genau dann, wenn wir am absoluten Tiefpunkt, in unserem tiefsten Leid sind, von der Gnade aufgesucht werden – jener sanften, Auftrieb gebenden Energie, die uns umhüllt, unterstützt und beschützt, während sie uns gleichzeitig Kraft gibt und uns daran erinnert, dass alles immer noch gut ist. Wenn uns unser Menschsein herausfordert und wir die Verletzlichkeit in unserem Körper spüren, bricht die Realität unseres wahren Selbst durch, um uns daran zu erinnern, dass unser Körper nicht alles ist, was wir sind, sondern nur ein Vehikel, um unser wahres Selbst in menschlicher Form zu erfahren.

MÖGEN DIE SCHULDZUWEISUNGEN VERSCHWINDEN

Wenn wir beschuldigen, leisten wir jemandem oder etwas in unserem Leben Widerstand, weil wir das Gefühl haben, dass sie für unsere Reizbarkeit, unseren Schmerz oder unser Unglück verantwortlich sind.

Wenn du nicht dem Wetter die Schuld dafür gibst, dass du dich elend oder traurig fühlst, wirst du vielleicht erkennen, dass du in Wirklichkeit den grauen, regnerischen Tag dazu benutzt, dir zu helfen, unausgedrückten Schmerz über einen Verlust in deinem Leben freizusetzen – vielleicht den kürzlich erfolgten Verlust deines Arbeitsplatzes oder eines geliebten Haustieres. So kannst du den Heilungsprozess anerkennen, den dir der trübe Tag ermöglicht, und dankbar dafür sein.

Wenn du nicht deinen Eltern die Schuld dafür gibst, dass du Trennungsangst hast, dann siehst du vielleicht, dass die Wurzel davon dein Gefühl der Trennung von deinem wahren Selbst ist.

Wenn du nicht dem Hund die Schuld dafür gibst, dass er deinen Schlaf stört, dann erkennst du deinen Schlafmangel an, aber du vermischst ihn nicht mit Wut und heizt ihn nicht am nächsten Tag mit Groll an, wodurch du noch mehr Energie verlierst.

Anderen die Schuld zu geben errichtet eine Mauer, die uns daran hindert, zu sehen, was wir in unserem Leben erschaffen und warum. Wir schwächen uns, wenn wir die Herrschaft über unsere Umstände und Gefühle jemandem oder etwas anderem zuschreiben. Wenn wir das Gefühl haben, dass unsere Schuldzuweisungen gerechtfertigt sind, dann finden wir einfach eine Entschuldigung dafür, keine Verantwortung für unser Leben, so, wie es ist, zu übernehmen Es ist nicht möglich, gleichzeitig zu beschuldigen und sich stark zu fühlen.

Nimm das Beispiel einer Tochter, die mit ihrem alten Vater zusammensitzt, der sie als Kind physisch und emotional missbraucht hat. Auch wenn sie jetzt als Erwachsene keine Angst mehr vor ihm hatte, konnte sie immer noch nicht sehen, dass etwas Gutes aus ihrer Beziehung entstehen könnte. Bei dieser Gelegenheit erzählte ihr Vater ihr eine Geschichte, nämlich davon, dass er einen anonymen Brief von einer Person bekommen habe, die ihn wegen seines Verhaltens gegenüber seiner Familie kritisierte. Der Vater zeigte ihr den Brief, und da sie das Gefühl hatte, dass sie seinen schmerzlichen Gefühlen, verurteilt zu werden, nicht noch etwas hinzufügen wollte, saß sie einfach da und hörte seinen Worten zu. Sie erkannte, dass sie vielleicht nie wieder Zeit haben würde, mit ihm allein dazusitzen, bevor er starb, und dieses Mal hörte sie aus innerer Stille zu, ohne Widerstand gegen ihn und ohne jegliches Urteil. Sie sagte mir, dass sie bald keine Tochter mehr sein würde, die ihrem Vater zuhörte, oder auch nur eine Frau, die einem Mann zuhören würde, sondern ein Feld von Präsenz, das sich mit einem anderen Feld von Präsenz vermischte. In jenem Moment fühlte sie nichts als Liebe für ihren Vater und fühlte sich eins mit ihm. Das ist spirituelle Gemeinschaft. In dieser Gemeinschaft des Einsseins fand sie Frieden. Als ihr Vater starb, fühlte sie kein Bedauern, auch keine Nachwirkungen des emotionalen Schmerzes aus der Vergangenheit, sondern nur die Realität der Liebe, die beide füreinander in der Erfahrung ihres Einsseins empfanden.

Ein solch seltener Vorfall kann sicherlich als Versöhnungswunder und als Beweis für die Macht der Gnade in unserem Leben gelten. Er erinnert auch an eine Aussage aus *Ein Kurs in Wundern*: „Der Heiligste aller Flecken auf der Erde ist der, auf dem ein uralter Hass zu einer gegenwärtigen Liebe geworden ist.“[36]

---

36 Foundation for Inner Peace, Concordance of A Course in Miracles, t–26 ix 6:1, New York: Penguin Group, 1997.

Wir können sehen, dass wir, wenn wir anderen die Schuld für Missetaten, Mängel und Fehler geben, sie häufig als Sündenböcke benutzen. Andere zu Sündenböcken zu machen bedeutet, einem anderen Dinge aufzuerlegen, die wir an uns selbst nicht akzeptieren wollen und für die wir daher ein indirektes Mittel des Selbstangriffs, der Selbstkritik und sogar des Selbsthasses verwenden. Dies geschieht gewöhnlich auf einer unbewussten Ebene. Wir beschuldigen andere wegen der unbewussten Selbstkritik, die in uns steckt, und projizieren sie auf sie. Wenn wir andere vehement beschuldigen – wenn wir keinerlei Verantwortung für den Fehler übernehmen, den wir in anderen sehen –, dann ist das ein Signal, dass wir wahrscheinlich andere als Sündenböcke benutzen. Unser eigener negativer Zustand wird uns darin zurückgespiegelt, wie wir den anderen sehen.

Indem wir andere zu Sündenböcken machen, versuchen wir, uns von Schuld und Verantwortung zu befreien. Wir sind nie frei von den Auswirkungen unserer eigenen Handlungen – es ist nur eine Illusion zu glauben, dass wir es sind. Solange wir unsere eigenen inneren Angelegenheiten auf andere projizieren, können wir nicht in Frieden mit uns selbst sein.

Wie gesagt, wenn wir andere zu Sündenböcken machen, ist das gewöhnlich ein unbewusster Akt, aber wenn wir uns dessen bewusst werden, kann uns das als Erinnerung dafür dienen, wie wir Projektionen verwenden, um vorsätzlich die Augen vor unseren eigenen Charakterzügen zu verschließen und uns von jeder Verantwortung für das loszusprechen, was wir in der Welt sehen und nicht mögen oder als falsch verurteilen.

Urteile und Schuldzuweisungen zu vermeiden fängt damit an, dass wir unsere Wahrnehmung „des anderen“ ändern. Können wir andere, wozu auch Gruppen und andere Gemeinschaften gehören, als Teile von uns, als Teile unseres Einen Selbst sehen – unabhängig davon, wo sie sich auf dem Bewusstseinsspektrum befinden – und im Geist des Verstehens und der universellen, familiären Liebe auf sie zugehen?

DRAMEN ZU ERZEUGEN KANN UNS KEINEN FRIEDEN BRINGEN

Das persönliche Drama beruht auf dem Ego. Es entsteht, wenn jemand eine Situation übertreibt, um Aufmerksamkeit zu bekommen. Das Drama bläht Personen oder Situationen als größer oder schlimmer auf, als sie sind, und führt deshalb von dem weg, was die eigene Wahrheit oder die Wahrheit einer Person oder Situation ist.

Wenn wir einen Schauspieler in einem Film sehen, dann projizieren wir manchmal Charakterzüge auf die Art und Weise, wie diese Person im wirklichen Leben ist. Oft tun wir dasselbe mit Politikern oder anderen berühmten Persönlichkeiten. Auch wenn wir sie nicht kennen, stellen wir uns vor, wie sie sein könnten. In unserem täglichen Leben tun wir dasselbe mit den Menschen um uns herum. Da wir uns selbst als getrennt wahrnehmen, projizieren wir häufig Eigenschaften auf sie und glauben, dass sie das sind. Wenn wir projizieren, können die flüchtigen Szenen in unserer Geschichte das Erscheinungsbild eines Dramas annehmen. Das geschieht, weil die Projektion unsere egoische Rolle als Täter, Opfer und Sieger nährt, ebenso wie den Kampf, der sich zwischen ihnen abspielt.

Eine interessante Beobachtung ist, dass die meisten Menschen, die sich davon angezogen fühlen, ein äußeres Drama zu erzeugen und darauf zu reagieren, stellvertretend durch das Drama leben, weil sie kein dynamisches, fesselndes inneres Leben haben.

In deinem persönlichen Alltag musst du, bevor du deine Wahrnehmungen korrigieren und das Drama beenden kannst, zunächst Verantwortung für deine Projektionen übernehmen. Nimm an, etwas bedrückt dich. Du würdest wahrscheinlich nicht in Sorge sein, wenn es nicht zu einer Projektion kommt. Statt den anderen als die Person zu sehen, die er wirklich ist, und ihn so zu akzeptieren, wie er ist, stülpst du ihm deine übertriebene Negativität oder deinen Größenwahn über – du projizierst einen Aspekt deines egoischen Selbst nach „draußen", statt dich der Realität zu stellen, dass er sich in dir befindet.

Wir können Menschen so sehen, wie sie sind – indem wir ihre Fehler erkennen, ohne sie persönlich zu verurteilen. Das ist vollkommen in Ordnung. Wir erkennen, was Fakt ist, aber indem wir nicht durch Projektion urteilen, werden wir uns eher unseren inneren Frieden bewahren.

Wenn wir unsere Urteile fallen lassen und im Leben präsent sind, was sehen wir dann wirklich, wenn wir eine andere Person oder Situation betrachten? Was erlebst du wirklich mit dieser Person, wenn du ihr im Leben begegnest und sie frei von deinen konditionierten, auf Angst gründenden Projektionen erlebst? Erinnert dich das nicht an das, was wir zuvor über Achtsamkeit gesagt haben? Wenn wir handeln, ohne dass uns die Schutzwand des konditionierten Denkens den Blick verstellt, frei von unseren Urteilen und Projektionen, dann wird das Leben weitaus weniger dramatisch, sondern einfacher und friedvoller.

ÜBUNG

Gibt es Bereiche in deinem Leben, in denen du etwas übertreibst, um Aufmerksamkeit zu bekommen? Wenn dem so ist, dann identifiziere sie. Welchen „Nutzen" ziehst du aus ihnen? Versuche, damit aufzuhören.

***

DAS DRAMA BEOBACHTEN, STATT DARAN MITZUWIRKEN

Wenn wir blind an einem Drama mitwirken – das heißt, wenn wir Protagonisten in unserem eigenen Drama *werden* oder eine Nebenrolle im Drama eines anderen übernehmen –, verlieren wir uns darin. Wir sind uns nicht länger bewusst, dass wir eine Rolle spielen. Wenn das passiert, kann es schwierig sein, Zugang zu etwas außerhalb davon zu bekommen. Als Protagonisten oder Nebendarsteller entfernen wir uns von der Realität.

Um uns zu helfen, aus unseren Dramen auszusteigen, raten uns viele spirituelle Traditionen, die Praxis der Selbstbeobachtung beziehungsweise das, was als „Zeuge sein“ bezeichnet wird, zu kultivieren. Dies setzt eine bewusste Absicht voraus, sich aus der Identifikation mit unseren dramatischen Rollen befreien zu wollen. Indem wir Zeuge der Rollen werden, die wir spielen, durchbrechen wir die Identifikation mit ihnen und bringen eine andere Bewusstseinsebene hinein.

Beobachten wir uns selbst, erkennen wir, dass es mindestens zwei Bewusstseinsebenen gibt – die Identifikation mit der Rolle und der Zeuge beziehungsweise Beobachter desjenigen, der die Rolle spielt. Von der Position des Zeugen aus können wir Dinge sehen, für die wir blind sind, wenn wir vollkommen mit unserer Rolle identifiziert sind. Wir können uns dann auch selbst besser so sehen, wie es andere tun. Wir können unser dysfunktionales Ego in Aktion beobachten. Wir können Motive identifizieren, die wir vor uns selbst verbergen, wenn wir unsere dramatischen Rollen spielen. Uns selbst zu beobachten ist sehr wirkungsvoll, weil wir dadurch erfahren werden, dass wir nicht immer diejenigen sind, die wir zu sein glauben.

Die Veränderungen in der Wahrnehmung, die sich einstellen, wenn wir in der Lage sind, uns selbst zu beobachten, reichen von „Ich bin nur diese Rolle, die ich spiele" bis hin zu „ich bin nicht diese Rolle, die ich spiele" und „Das ist nicht so wichtig."

Gibt es noch etwas über den Zustand des Zeuge-Seins hinaus? Ja, nämlich den Zustand des reinen Seins. Die weitere Verschiebung findet von der begrenzten Identifikation mit dem Beobachter hin zu der Erkenntnis statt, dass wir der uneingeschränkte Ausdruck unserer Quelle sind. Dieser neue Zustand von Selbstgewahrsein ist eine Verschiebung von unserer Identifikation mit der Getrenntheit und dem Gefühl „Ich bin allein" hin zu der Erkenntnis des Einssein und dem Wissen, dass „Ich nicht allein bin". Es ist eine Bewegung von der Beobachtung des Lebens hin zu der Erkenntnis, dass wir nicht vom Leben getrennt sind – wir *sind* das Leben.

Wenn du ein Drama in deinem persönlichen Leben erlebst, nährst du es dann und hältst es am Leben? Wenn du anfängst, dein eigenes Drama zu beobachten, bist du in der Lage, die Essenz deines wahren Selbst in diese illusorische Lebensweise einzubringen. Wenn du dich dabei beobachtest, dass du selbstsüchtig bist, kannst du dich frei entscheiden, großzügig zu sein. Wenn du beobachtest, dass du wütend auf deine Kinder reagierst, kannst du dich entscheiden, friedlich zu bleiben, wenn sich dein Verhalten verschlimmert. Wenn dein Nachbar falsche Beschuldigungen gegen dich erhebt, kannst du, statt darauf zu reagieren, in Stille und Frieden standhalten und das Drama beenden – zumindest für dich selbst. Wenn du merkst, dass du dich in die Märtyrergrube geworfen hast, kannst du deine Wahrnehmung korrigieren und dich daran erinnern, dass dein wahres Selbst nicht das Opfer irgendeines Umstands oder einer Person sein kann, auch wenn es Umstände gibt, die wir nicht kontrollieren oder beenden können.

Wenn du siehst, dass deine Brüder und Schwestern in ihren Dramen gefangen sind, kannst du ihnen helfen, auszubrechen, indem du dich selbst nicht hineinbegibst. Sei stiller Zeuge ihrer Dramen.

Glaube nicht an ihre Geschichten um indirekt einen Energieschub zu bekommen, weder positiv noch negativ. Beteilige dich weder an ihrer egozentrischen Selbstverherrlichung, ihren „Armes-Ich-Geschichten", ihrem Klatsch, noch unterstütze diese.

Bei einem Großteil dessen, was wir in der Zeitung lesen und in den TV-Nachrichten sehen, handelt es sich um Dramen, die uns auf kollektiver Ebene beeinflussen. Nimm wahr, wie immer wieder dieselben Täter-, Opfer- und Siegerrollen gespielt werden. Achte darauf, dich nicht in das endlose und weitestgehend verstörende kollektive Drama auf der Weltbühne hineinziehen zu lassen. Als Gesellschaft sind wir so begierig nach Drama auf der persönlichen und kollektiven Ebene, dass wir es oft blindlings gegen unsere eigenen Interessen auf beiden Ebenen aufrechterhalten. Viele von uns sind so süchtig nach Dramen geworden, dass wir bisweilen damit weitermachen wollen, auch wenn es unserer Gesundheit schadet. Die Kombination aus dieser Sucht und unseren modernen Technologien könnte uns bewusst machen, dass wir die Dinge über jeden Anschein von Vernunft und Kontrolle hinaus vorangetrieben haben.

Wenn du über Ereignisse in der Zeitung liest oder sie im Fernsehen beobachtest, nimm einfach die Fakten zur Kenntnis, aber geh nicht in das Drama hinein. Fühle, was die angemessene Reaktion auf diese Situation ist. Sieh das Ereignis als das, was es ist, aber lass dich nicht in das menschliche Drama hineinziehen oder stelle Spekulationen über mögliche Folgeszenarien an. Höre nicht auf die Kommentare von Fachleuten, die zwar meistens als Experten gewählt wurden, jedoch gewöhnlich meist die Trennung befeuern. Sie werden aufgestellt, um das ständige Drama gegensätzlicher Meinungen anzuheizen, das nicht Weisheit, sondern Polarität fördert.

Wenn wir nicht wissen, wer wir wirklich sind, erfinden wir Geschichten über uns in der Hoffnung, uns selbst zu finden. In diesen Dramen sind wir der Protagonist beziehungsweise die Protagonistin und alle anderen sind unsere Nebendarsteller.

Wenn unser spirituelles Leben abgestumpft ist, neigen wir dazu, Dramen für uns selbst zu kreieren, um einen Anflug von Begeisterung zu erleben, selbst wenn uns das nicht guttut. Unsere Geschichten sind ein Mittel, um zu fühlen, dass etwas vermeintlich „Wichtiges" passiert.

Wenn du deinen eigenen Geschichten zuhörst, wirst du sehen, dass das übergreifende Thema entweder das des Opfers oder des Siegers ist. Das zügellose Ego genießt beide Rollen – wenn es die eine nicht spielen kann, wird es nur zu gern die andere spielen. Wir begrüßen die Gelegenheit, anderen etwas über unsere Errungenschaften und unseren Schmerz zu erzählen, insbesondere über unseren Schmerz.

Achte darauf, was geschieht, wenn du die Rolle des Siegers oder Opfers fallen lässt. Wo ist dann die Trennung? Das gilt auch dann, wenn wir auf andere schauen. Was wäre, wenn du auf einen ungepflegten Obdachlosen schaust und kein Opfer siehst, niemanden, den du bedauern musst oder wegen dem du dich schuldig fühlen musst? Was wäre, wenn du dasselbe mit einer Frau machst, die an Krebs stirbt, oder mit einem verletzten Soldaten? Was würdest du dann sehen? Wie würdest du dich ihnen gegenüber dann verhalten?

Wenn wir nicht genügend Geschichten in unserem eigenen Leben erfinden können, neigen wir dazu, indirekt durch die Dramen anderer zu leben. Wir wenden uns Seifenopern, Reality-TV-Shows und Klatsch zu. Tatsächlich sind die Medien in Nordamerika und anderen Teilen der Welt kaum etwas anderes als ein Märchenbuch voll selbstbezogener Dramen. Wie Menschen es doch lieben, über ihre

Geschichten zu schreiben oder vor die Kamera zu treten und ihre Geschichten zu erzählen, insbesondere die traurigen Geschichten, die ihre Opferrolle des „armen Ich" rechtfertigen, oder wie ich das „arme Ich" überwinden konnte und jetzt das „siegreiche Ich" bin.

Deine Geschichten setzen sich aus vergangenen Ereignissen in chronologischer Reihenfolge zusammen. Das gewohnte Muster des egoischen Verstandes besteht darin, sich auf dieser Lebenslinie von Ereignissen hin und her zu bewegen und nach einem Platz zu suchen, wo es etwas reaktivieren kann, indem es die Vergangenheit in die Gegenwart bringt, und häufig auch, indem es auf unseren emotionalen Wunden und den Dingen, die wir bereuen, herumhackt. Opfer und Sieger können nicht ohne Vergangenheit existieren. Versuche, deine traurige Geschichte loszulassen, und du wirst deinen Schmerz loslassen. Hör auf damit, dich selbst zu überhöhen, um Aufmerksamkeit zu bekommen, und du wirst dich der aufrichtigen Aufmerksamkeit und Wertschätzung anderer wert fühlen. Lass deine jüngste Geschichte darüber, wer dir gestern etwas angetan hat, los, und du wirst eher dazu neigen, im gegenwärtigen Moment zu leben.

Wenn du irgendeine Unstimmigkeit, Angst, Groll oder Sorge verspürst, kurz gesagt, wenn du einen emotionalen oder seelischen Schmerz fühlst, dann versuche, aus deiner Geschichte auszusteigen. Tu es einfach. Steig aus. Lass die Vergangenheit los. Gehe nicht zu dem Ereignis oder der Reihe von Ereignissen, aus denen die „Geschichte von dir" abgeleitet ist. Was übrig bleiben wird, ist der Rest eines unangenehmen Gefühls, das bald verblassen wird. Der Schmerz oder das Unbehagen kann ohne die Geschichte nicht überleben. Wenn der Verstand ins Spiel kommt und wieder mit der Geschichte anfängt, dann sage dir einfach: „Verstand, sei still. Ich bin nicht meine Geschichte." Sage das immer wieder, bis du von dieser Wahrheit überzeugt bist.

Du kannst dein ganzes Leben lang in deine dramatische Geschichte verwickelt bleiben, indem du ständig dieselben Szenarien wiederholst. Wenn du dir die Geschichten anschaust, die wir uns selbst erzählen, dann wirst du merken, dass es da draußen nicht so viele Geschichten gibt. Ich habe es geschafft, du nicht. Ich bin der Größte. Ich habe Pech. Ich bin im Stich gelassen worden. Niemand schätzt mich. Ich leide an einer Krankheit. Unterschiedliche Besetzungen, aber dieselben vertrauten Geschichten. Beobachte dich. Schau dir an, welche Geschichten du dir selbst oder anderen erzählst. Nimm wahr, wie du an deinem Drama festhältst, selbst dann, wenn es dir wehtut, da dies ein Weg ist, um auf dich aufmerksam zu machen und so das Gefühl zu haben, dass du wichtig bist und dass du *jemandem* wichtig bist. Viele werden es mögen, in deine dramatische Geschichte hineingezogen zu werden, da sie indirekt das nährt, was ich ihren „Dramakörper" nenne.

ANNAHMEN NÄHREN DRAMEN

Eine subtilere Art und Weise, Drama zu erzeugen, besteht darin, Vermutungen anzustellen. Solche Annahmen können eine versteckte Form von Urteil sein und werden häufig zur Grundlage vorsätzlichen Klatsches.

Wir erzeugen viel inneres Drama in unserem Leben, indem wir uns mit potenziell angstbesetzten Aspekten des Lebens aufhalten: den Herausforderungen, die mit dem unvermeidlichen Altern kommen werden; Dinge, die schiefgehen und verhindern könnten, dass der Urlaub reibungslos verläuft oder die Folgen einer Aktienmarktflaute. Du kannst dich ohne jede Grundlage in einen Zustand von Paranoia versetzen, einfach dadurch, dass du dich auf ängstliche Spekulationen stützt.

Ich hörte von einer Frau, die, als sie den Gemüseladen um die Ecke betreten wollte, einen jungen Obdachlosen bemerkte, der auf dem Bürgersteig saß. Die Szene berührte ihr Herz. „Er ist jemandes geliebter Sohn", sagte sie sich. Als sie einkaufte, nahm sie einen Gourmet-Chocolate-Chip-Cookie mit, um ihn ihm auf dem Weg nach draußen zu geben.

Als sie den Laden verließ, beugte sie sich hinunter, um ihm den Cookie zu geben. Sie war überrascht, als er, statt ihn sofort zu nehmen, fragte: „Ist da Schokolade drin?" – „Ja, ist es", bestätigte sie. „Dann nicht, danke", sagte der junge Kerl. Dieser junge Typ irritierte sie ziemlich. Da saß er auf der Straße, scheinbar hungrig, aber trotzdem lehnte er ihr großzügiges Angebot ab. Grrr!

Als sie einige Wochen später wieder in demselben Gemüseladen einkaufen ging und immer noch erbost über den jungen Mann war, konnte sie nicht umhin, den Vorfall der Frau an der Kasse zu erzählen. „Oh", sagte die Angestellte, „sein Name ist Ivan. Er reagiert hoch allergisch auf Schokolade." Jetzt schämte sie sich furchtbar, dass sie angenommen hatte, Ivan sei einfach nur pingelig und undankbar.

Gewiss können wir alle von Zeiten berichten, als wir viel zu negative Vermutungen anstellten, die sich dann als unwahr erwiesen, und auch davon, wie belastend sich das später für uns anfühlte. Jeder Psychologe oder Konfliktlösungsexperte wird dir sagen, wie viel Schmerz dadurch verursacht wird, dass Individuen grundlos Dinge vermuten und dann so handeln, als seien sie wahr.

Vermutungen gehen aus unserer Unfähigkeit hervor, mit Unsicherheiten zu leben. So reimen wir uns Dinge mit unserem Verstand zusammen, um eine Antwort auf die kleinen und größeren Unbekannten zu finden, denen wir im Leben begegnen. Wir möchten wissen, wir möchten sicher sein. Der Grund dafür ist die selbstbezogene Angst, die das Bedürfnis erzeugt, uns in der Welt sicher zu fühlen.

Wenn wir uns eine Geschichte erzählen, die uns emotionalen oder seelischen Schmerz bereitet, warum halten wir dann daran fest? Wie würden wir uns fühlen, wenn wir ihn einfach losließen? Warum tun wir es dann nicht? Wenn wir das Drama in unserem Leben loslassen, wird es friedvoller und wir erfahren ein ganz neues Energieniveau. Das Drama am Laufen zu halten ist kräftezehrend.

Wenn du dich dafür entscheidest, spekulatives Drama loszulassen, wirst du feststellen, dass dein Leben viel friedlicher wird. Lass den Wunsch los, eine Möglichkeit zu finden, es dem Dieb heimzuzahlen, der in dein Heim eingebrochen ist, und du wirst Frieden finden. Tu, was du kannst, um damit aufzuhören, dir die möglichen Folgen des riskanten Verhaltens deines halbwüchsigen Sohns vorzustellen, damit diese nicht als Wut getarnt daherkommen und deine Fähigkeit beeinträchtigen werden, ihm deine Liebe zu zeigen. Versuche, deine Besorgnis wegen einer bevorstehenden Operation einzuschränken, und du wirst in der Zeit bis dahin wahrscheinlich weiter jeden Moment deines Lebens genießen – und dich dann mit der Operation auseinandersetzen, wenn sie wirklich stattfindet, anstatt schon Wochen vorher. Da wir anerkennen, dass dies schwierige Herausforderungen sind, können wir nur versuchen, unser Bestes zu geben, wenn wir ihnen begegnen. Durch spirituelle Praxis unsere bewusste Bereitschaft zu kultivieren ist uns dabei die größte Hilfe.

Tiere sind ein wunderbarer Spiegel dafür, wie wir auf das Leben reagieren können, ohne am Drama festzuhalten. Vor mehreren Jahren zeigte mein schon etwas älterer Hund Anzeichen für nachlassende Gesundheit aufgrund eines geschwächten Immunsystems, das ihn für zahlreiche schwere Infektionen anfällig machte. In seiner einfachen tierischen Natur identifizierte er sich nicht mit seiner Krankheit. Er erzeugte kein Drama um sie herum. Er behielt seine „Süßes-Hündchen-Hingabe“ bei und drückte weiter die Freude aus, einfach am Leben zu sein. Auf so vielfältige Weise zählen unsere Haustiere, unsere haarigen und wolligen „Engel“, zu unseren besten Lehrern.

ÜBUNG

Erinnere dich an einige Male, als du Vermutungen über andere angestellt hast, nur um später herauszufinden, dass sie falsch waren. Erinnerst du dich an den Prozess, den du durchlaufen hast, bevor du die Vermutungen anstelltest, oder hast du diese automatisch getan? Was war die Auswirkung jeder Annahme im Hinblick darauf, wie sie deine Beziehung zu dieser Person beeinflusst hat?

***

19

WO STEHEN WIR JETZT?

Die Reise zu immer höherem Bewusstsein geht immer weiter. Doch jetzt, wo wir an das Ende dieses Buches gelangen, ist es legitim, zu fragen: „Wo stehen wir jetzt? Fühlen wir uns zuversichtlicher und friedlicher? Haben wir ein gewisses Bewusstsein davon, was wir brauchen, um uns selbst inneren Frieden zu bescheren? Wissen wir jetzt, was unseren inneren Frieden behindert und wie wir über diese Hindernisse hinausgehen können? Sind wir zu einem besseren Verständnis dessen gelangt, wer wir wirklich sind – das eine Selbst? Haben die Übungen, die wir gemacht haben, uns zu einer friedlicheren Art zu sein verholfen?

Alles, was kein Frieden ist, ist nicht unser wahres Selbst. Zu einem bleibenden Zustand von Frieden zu gelangen dauert so lange, wie es eben dauert. Das Gute ist, dass wir voraussichtlich bereits durch das Lesen dieses Buches bedeutende Fortschritte gemacht haben. Zudem wissen wir jetzt, was wir tun können, um diesen Fortschritt durch das neue Bewusstsein, das wir erworben haben, zu beschleunigen.

Manchmal werden wir das stille Glück des Friedens fühlen. Zu anderen Zeiten wird innerer Frieden unerreichbar für uns sein. Das ist normal. Es ist eine Herausforderung, überwiegend friedlich zu sein, wenn diejenigen, die wir lieben, leiden, und wenn wir in die Welt blicken und diese nicht friedlich ist. Jetzt wissen wir, dass wir uns selbst heilen müssen, um anderen von größerem Nutzen zu sein und dazu beizutragen, unsere Welt zu heilen. Damit wir Weltfrieden erleben können, müssen wir unseren inneren Frieden auf andere ausweiten.

Es kann sein, dass du das Bedürfnis verspüren wirst, zu bestimmten Teilen dieses Buchs häufig zurückzugehen, um dich an Dinge zu erinnern, wie zum Beispiel daran, was das Ego ist; wie wir erkennen können, wann wir aus unserem falschen egoischen Selbst heraus agieren; wie wir uns von ihm befreien können; wie wir mit dem Schmerz aus der Vergangenheit umgehen können, den wir noch immer im Körper festhalten, und so weiter.

Erinnern wir uns daran, dass unser Körper universelle Intelligenz besitzt und dass wir mithilfe von stillem Gebet und Meditation nach innen gehen können, um diese unterstützende, heilende und hilfreiche Intelligenz anzuzapfen. Und lasst uns in Dankbarkeit dafür leben. Praktiziere Meditation als Lebensform. Es gibt keine größere Macht, da wir auf diese Weise Zugang zur Weisheit unserer Quelle und ihren Eigenschaften bekommen können. Darüber hinaus gibt es keinen besseren Weg, um zu der Erkenntnis zu gelangen, dass wir eins mit unserer Quelle sind, als ihre Eigenschaften zu teilen.

Wenn wir „schwanken", dann lasst uns mit vertrauten Familienmitgliedern oder Freunden darüber sprechen, wie wir uns fühlen, und ohne uns zu Opfern zu machen, über unsere innere Welt sprechen. Wahrscheinlich werden sie sich genauso oder ähnlich fühlen oder gefühlt haben, wie wir es jetzt tun. Ein solcher Austausch hilft beiden Parteien. Er schafft Verbindung und bringt uns der Erkenntnis unseres Einsseins näher. Es ist außerdem eine Erleichterung, zu wissen, dass wir mit unseren menschlichen Herausforderungen nicht allein dastehen.

Lasst uns „unseren eigenen Garten kultivieren", das heißt, konzentrieren wir uns darauf, unsere eigene kleinere Welt zu verbessern und unseren Beziehungen und Situationen mehr Frieden zu bringen, indem wir unser Möglichstes tun, um sie positiver, harmonischer und liebevoller zu gestalten.

Es gibt verschiedene Dinge, die wir schnell tun können, wenn wir das Gefühl haben, unseren Frieden verloren zu haben:

- ATME. Wenn du dich ängstlich oder aus dem Gleichgewicht gebracht fühlst, dann ist ein effektiver Weg, um zu innerer Harmonie zurückzufinden, tiefe Atemzüge aus dem Bauch in den oberen Brustkorb zu machen und dann den Atem so langsam wieder herauszulassen, wie du kannst. Das wird dir leichter fallen, wenn du die Lippen spitzt, so, als wolltest du pfeifen. Dann lass den Atem wieder los. Mach damit so lange weiter, bis du das Gefühl hast, wieder entspannt und zentriert zu sein.
- Wenn negative Energie aus der Vergangenheit oder auf Angst beruhende Energie im Hinblick auf die Zukunft dich einholen will, dann lass sie kommen und durch dich hindurchgehen.
- Bringe dich in den gegenwärtigen Moment zurück, und nimm wahr, dass in diesem Moment fast immer Frieden da ist. Tu dies mehrmals am Tag, wenn du das Bedürfnis dazu hast.
- Wenn du eine Form von Angst fühlst, dann erkenne, dass es das Ego ist, das da gerade aktiv ist, und lass dich nicht von ihm täuschen oder in Geiselhaft nehmen.
- Wenn möglich, höre auf, Dinge zu tun, die dir keinen Frieden bringen.
- Verteile verdiente Komplimente großzügig und erinnere so deine Brüder und Schwestern an ihren Wert. Indem du das tust, verstärkst du deinen eigenen Wert und gewinnst innere Stärke.

- Sprich häufig deine Anerkennung und deinen Dank aus. Das erhöht deine Schwingungsebene und bringt dich in einen höheren Bewusstseinszustand.
- Zünde eine Kerze an, und erinnere dich daran, dass du das Licht *bist*.
- Vergnüge dich und erinnere dich so an die Freude deines wahren Wesens.
- Trinke eine Tasse beruhigenden Tee.

20

ALLES WIRKT SICH AUF ALLES AUS

Im Laufe der Jahrhunderte haben die Mystiker, und jetzt auch die Quantenwissenschaftler, bestätigt, dass alles mit allem verbunden ist und sich daher alles auf alles auswirkt, unabhängig von Zeit und Raum, die uns zu trennen scheinen. Jeder, der jetzt dieses Buch liest, diejenigen, die es in der Vergangenheit gelesen haben, und diejenigen, die es in Zukunft lesen werden, haben diese Reise zusammen unternommen. Hoffentlich fühlen wir uns jetzt in unserem Einssein verbunden und haben unsere eigene Gemeinschaft von Menschen gebildet, die Frieden lieben und Frieden bringen. Wenn mehr Menschen dieses Buch lesen, wird unsere Gemeinschaft wachsen, und dadurch werden auch unsere Unterstützung und unser Gefühl von Einssein wachsen. Wenn einige oder viele Leser zu einem größeren inneren Frieden gelangen, wird dies allen Lesern helfen, dasselbe zu erleben. Und da sich alles auf alles auswirkt, wird es auch den Nicht-Lesern helfen.

Auf diese Weise besteht die Möglichkeit, dass wir die kritische Masse erreichen können, die uns selbst dauerhaften inneren Frieden bringen kann – und auch Frieden für unsere Welt.

Segenswünsche für euch alle & Namaste.

DANKSAGUNGEN

Ich möchte meiner wunderbaren Herausgeberin und lieben Freundin Shirley Spaxman dafür danken, dass sie beim Schreiben dieses Buches mit mir zusammengearbeitet hat. Sie besitzt sowohl die redaktionelle Kompetenz als auch das erforderliche spirituelle Bewusstsein, um mich auf dieses literarische Unterfangen vorzubereiten. Unsere Liebe und unsere edle Absicht sind in dieses Buch eingeflossen.

Mein Dank an all diejenigen, die zugestimmt haben, Rezensenten für den ersten Entwurf dieses Buches zu sein und wertvolles Feedback dazu zu geben, wie es weiter verbessert werden konnte: Victoria Ritchie, Vim Rolaff, Melisa Dzamastagic und Catherine Chiesa.

Mein Dank gilt auch Mary Kellough, meiner wundervollen und hochbegabten Tochter, dafür, dass sie mich mit ihrer Einsicht, ihrem klugen Rat und ihrer Liebe unterstützt hat, während ich dieses Buch schrieb.

Vor allem möchte ich meinem geliebten Ehemann Howard danken, dessen Vertrauen und kontinuierliche Unterstützung mir ein felsenfestes Fundament gegeben haben, auf dem ich die Schritte unternehmen konnte, die erforderlich sind, um sich mutig den Herausforderungen und Möglichkeiten des Lebens zu stellen – wie fragwürdig oder schwankend dieser Mut auch bisweilen gewesen ist.

BIBLIOGRAPHIE

Berceli, David, *The Revolutionary Trauma Release Process*. Vancouver, Canada: Namaste Publishing, 2008.

Braden, Gregg, *Resilience from the Heart*. Carlsbad, California: Hay House, 2015.

Brown, Michael, *Die Kraft gelebter Gegenwart*, Goldmann, München 2012.

Kellough, Constance, *The Leap – Are You Ready to Live a New Reality?* (nicht länger verfügbar). Vancouver, Canada: Namaste Publishing, 2007.

Long, Barry, *Stille ist der Weg: Meditation und jenseits davon*, Neue Erde Verlag, Saarbrücken 2008.

Rados, Ivan, *Health: It's All About Consciousness*. Vancouver, Canada: Namaste Publishing, 2009.

The Foundation for Inner Peace, *A Course in Miracles*. Glen Ellen, California, 1990. [Schuman, Helen, William Thetford, *Ein Kurs in Wundern*, Greuthof, Gutach i. Br. 1994]

Tolle, Eckhart, *Jetzt! Die Kraft der Gegenwart*, Kamphausen Media GmbH, Bielefeld 2000.

Tolle, Eckhart, *Eine Neue Erde: Bewusstseinssprung anstelle von Selbstzerstörung*, Arkana, München 2015.

ZUSÄTZLICHE LITERATUREMPFEHLUNGEN

Barrett, Sondra, *Das geheime Wissen unserer Zellen: Mit Körperintelligenz heilen*, Goldmann, München 2014.

Frankl, Viktor E., *... trotzdem Ja zum Leben sagen: Ein Psychologe erlebt das Konzentrationslager*, Kösel, München 2009.

Goldsmith, Joel R., *Living the Infinite Way*. Santa Barbara, California: Acropolis Books, 1961.

Levine, Peter, A., *Vom Trauma befreien – Wie Sie seelische und körperliche Blockaden lösen*, Kösel, München 2011.

Levine Peter A., *Trauma-Heilung: Das Erwachen des Tigers. Unsere Fähigkeit, traumatische Erfahrungen zu transformieren*, Synthesis, Essen 1998.

Lipton, Bruce H., *Intelligente Zellen – Wie Erfahrungen unsere Gene steuern*, Koha Verlag, Dorfen 2016.

McTaggart, Lynne, *Das Nullpunkt-Feld. Auf der Suche nach der kosmischen Ur Energie*, Goldmann, München 2007.

Mendes, Joao & Mendes Ramiro, *Sound – The Fabric of Soul, Consciousness, Reality, and the Cosmos.* Cheyenne, WY: Quantum World Enterprise, 2015.

ANHANG A

Für diejenigen, die die Innerbody-Meditation in Kapitel 8 praktiziert haben und vertraut damit geworden sind: Das Folgende ist eine kürzere Version. Sobald du einmal geübt darin bist, den inneren Körper zu betreten, kannst du die Bewusstseinsenergie in nur einigen Teilen des Körpers entfachen, um die Aufmerksamkeit vom denkenden Verstand wegzulenken und das Bewusstsein im Körper weiter aufzuwecken.

> Richte dich auf diese Meditation ein, so, wie du angeleitet worden bist, es zu tun. Vergewissere dich, dass du natürlich atmest, und werde dir deines Atems bewusst. Jetzt fache zunächst die Energie in einer Hand an, dann in der anderen, in einem Fuß und dann in dem anderen. Während du deinen Atem fühlst, fache auch die innere Energie in deinem Schulterbereich an. Fühle die Empfindung von Schulter zu Schulter und achte darauf, dass deine Schultern entspannt sind, wenn du dies tust. Nun fache die Energie in deinen Ober- und dann in deinen Unterarmen an. Nimm wahr, ob das Bewusstsein im Körper auch in anderen Bereichen erwachen möchte. Du wirst es wissen, wenn du die Empfindung in einem anderen Teil oder in Teilen deines Körpers fühlst, ohne auch nur deine Aufmerksamkeit dorthin zu richten. Bleibe 5–10 Minuten in deinem inneren Körper.

ANHANG B

Fragen, die du dir stellen kannst, nachdem du deine Lebenslinie „gezeichnet“ hast, wie in der Übung auf Seite 144 beschrieben.

1. Beinhaltet meine Lebenslinie nur Fakten und Ereignisse oder macht sie auch Angaben zu meinem persönlichen Wachstum und den Erfahrungen von spirituellen Wendepunkten?
2. Habe ich den meisten Teil meines Lebens egozentrisch gelebt und mich ausschließlich mit meinem Körper und Verstand identifiziert?
3. Nehme ich repetitive Muster wahr? Wenn ja, welche sind es und welche Gründe gibt es für jedes einzelne Muster?
4. Erwähne ich ausschließlich die guten, zentralen Ereignisse in meinem Leben und nicht diejenigen, die mir Sorgen oder Leid bereitet haben?
5. Welche Dinge in meinem Leben haben mir die größte Zufriedenheit, Freude oder Zielstrebigkeit gegeben?
6. Hatte ich Phasen in meinem Leben, in denen ich einem anderen oder anderen eindeutig gedient habe? Wenn ja, habe ich sie erwähnt? Wenn ja, was war die Art meines Dienstes an einem anderen oder an anderen?
7. Zeigt meine Lebenslinie mit dem Älterwerden ein Wachstum in meinem Charakter und Bewusstsein an? Wenn ja, was waren die Katalysatoren für dieses Wachstum? Bestimmte Lehrer, Ereignisse, Herausforderungen im Leben oder Menschen, die in meinem Leben waren oder in mein Leben getreten sind?
8. Welche Geschenke oder besonderen Talente zeigt meine Lebenslinie an?

9. Zeigt sie Bereiche meiner Einzigartigkeit an?
10. Kann ich auf der Grundlage der obigen Fragen und meiner Antworten jetzt meiner Lebenslinie zusätzliche Informationen hinzufügen, die mir als Folge davon bewusst geworden sind?
11. Was würde ich meiner Lebenslinie gerne in zwei Jahren hinzufügen? In fünf Jahren? Warum?
12. Wenn ich mir meine Lebenslinie und die erweiterte projizierte Lebenslinie ansehe, zeigt sich dann eine Absicht, zu dienen, etwas, das ich jetzt tun kann und will? Oder später? Wenn nicht, bin ich dann bereit, in mein Herz zu gehen und an der Absicht festzuhalten, dass es sich mir im Laufe der Zeit zeigen wird?

ÜBER DIE AUTORIN

Constance Kellough ist Gründerin von *Namasté Publishing*, Begründerin und Meditationslehrerin von *Innerbody Meditation* und Autorin. Sie ist eine Visionärin, die das Selbsthilfe-Genre populär gemacht hat, indem sie evolutionäre spirituelle Lehren in den Vordergrund der modernen Kultur rückte. Mit ihrer ersten Veröffentlichung, *The Power of Now*, (deutsch: *Jetzt! Die Kraft der Gegenwart*, J.Kamphausen, 2000) stellte sie Eckhart Tolle der Welt vor.

Seit 1997 hat sie als Herausgeberin weiterer zukunftsweisender und inspirierender Werke von Autoren wie Dr. Shefali Tsabary, Michael Brown und Dr. David Berceli fungiert. Diese Werke und viele andere haben den Dialog rund um Spiritualität, bewusste Elternschaft und Praktiken zur Trauma-Verarbeitung (**TRE**-Methoden) weltweit verändert.

Constance lebt mit ihrem Mann in Vancouver, BC, Kanada, wo sie weiterhin schreibt, inspirierende Bücher verlegt und Meditationstechniken vermittelt. Ihr erstes belletristisches Werk ist *Bizah – Ein Schüler der Wahrheit* (Lüchow, 2021).

www.constancekellough.com

www.namastepublishing.com